Estudios Escatológicos

El Milenio
Una Exposición de Mateo 24
La Aplicación de las Escrituras:
Estudios sobre el Dispensacionalismo

Arthur W. Pink

www.editorialdoulos.com
Tampa, Florida

Editorial Doulos
1008 E. Hillsborough Ave
Tampa, Florida 33604
www.editorialdoulos.com
editor@editorialdoulos.com

"El Milenio" fue publicado originalmente en inglés como capítulo 4 "The Time of the Redeemer's Return" en el libro *The Redeemer's Return*. El texto completo en inglés está disponible a través de Providence Baptist Ministries en http://www.pbministries.org/books/pink/Redeemers_Return/index.htm accedido el día 21 de junio de 2015.

"Análisis de Mateo 24" fue publicado originalmente en inglés como capítulo 9 "The Prophetic Scope of Matthew 24" en el libro *The Prophetic Parables of Matthew 13*. El texto completo en inglés está disponible a través de Providence Baptist Ministries en http://www.pbministries.org/books/pink/Parables/index.htm accedido el día 21 de junio de 2015.

"Aplicación de las Escrituras: Estudios sobre el dispensacionalismo" fue publicado originalmente en inglés como *A Study of Dispensationalism*. El texto completo en inglés está disponible a través de Providence Baptist Ministries en http://www.pbministries.org/books/pink/Dispensationalism/index.htm accedido el día 21 de junio de 2015.

Editorial Doulos

Biblioteca A. W. Pink
Volumen 4

CONTENIDO

La Evolución del Pensamiento Escatológico de A.W. Pink

por Dr. Glenn Martínez

La escatología es, sin lugar a duda, el área más tenue de toda la producción teológica de Pink. Se observa en esta área de su pensamiento lo que pareciera un giro de ciento ochenta grados. Sus obras tempranas como *El Regreso del Redentor, El Anticristo* y *Las Parábolas de Mateo 13* eran netamente dispensacionales. Entre sus obras más maduras, sin embargo, encontramos sus impresionantes *Estudios sobre el Dispensacionalismo* el cual constituyó el primer análisis crítico del movimiento teológico. Iain Murray, en su excelente biografía de A. W. Pink, dice que las enormes diferencias en la escatología del Pink temprano y del Pink tardío hace que sea irresponsable re-publicar las obras tempranas. Es cierto que la publicación de las obras escatológicas de Pink, por ejemplo *El Anticristo* publicado por Editorial Clie en el año 1990, resultó en una caracterización equivocada y, algunos dirían deshonesta, del pensamiento escatológico de Pink. Sin embargo, no creo que sea un error hacer disponible esta porción de la obra de Pink al lector hispanoparlante. Más bien, creo que lo que se necesita es una presentación honesta de la trayectoria de pensamiento de este gran pensador y predicador evangélico. Dicha presentación nos puede iluminar exactamente cuáles fueron las objeciones de Pink ante el pensamiento dispensacional de su época y cómo fue revisando su propio pensamiento teológico a la luz de esas objeciones.

El objetivo del presente volumen dentro de la *Biblioteca A. W. Pink* es precisamente de darle al lector una visión clara de esa transformación teológica. En estas páginas el lector apreciará la ebullición en el pensamiento escatológico de Pink y podrá así identificar los puntos centrales de desacuerdo entre su propia visión teológica y la que imperaba en el dispensacionalismo de su época. Es importante notar que el dispensacionalismo es una corriente teológica en vías de cambio y que la variedad del dispensacionalismo que rechazó Pink no es la misma variedad que predomina hoy en día. No obstante las diferencias sustanciales que puedan existir, creo que hay una gran lección en este libro para el pensador teológico de habla hispana.

De estas páginas se desprende una lucha interior en la que Pink examina muy de cercas sus propios filtros de interpretación bíblica y llega a ciertas conclusiones básicas acerca de la naturaleza de las Escrituras. Creo que el pensador teológico de habla hispana que ha sido educado en la visión dispensacionalista puede obtener gran provecho de esta lectura. Las mismas luchas interiores que experimentaba Pink se están repitiendo entre los pensadores teológicos hispanos. El dominio del dispensacionalismo en los institutos bíblicos hispanos es incuestionable. El énfasis dispensacional en la literatura cristiana en español también es sobresaliente. Por lo tanto, muchos pensadores teológicos hispanos se encuentran en una situación parecida a la de Pink. El dispensacionalismo es la corriente principal de pensamiento escatológico. Sin embargo, al igual que Pink, muchos de ellos también se han dedicado arduamente al estudio teológico y han descubierto ciertas inconsistencias en esta aproximación escatológica. Al igual que Pink, muchos han afirmado y enseñado el modelo dispensacional desde sus púlpitos y han negado rotundamente cualquier aproximación teológica que se desvía de los principios hermenéuticos dispensacionales. Para el lector que se encuentre en esa situación, la evolución del pensamiento de Pink será una gran bendición. Será una bendición porque nos demuestra la fidelidad del Espíritu que moldea el pensamiento de sus obreros y que da la humildad necesaria para admitir el error cuando existe.

La etapa tardía de producción literaria de Pink se caracteriza por un pesimismo acerca de la iglesia y del cristianismo en general. Algunos dicen que este pesimismo fue un resultado de su escatología premilenial dispensacional. Pero la verdad es que su etapa de pesimismo ante la iglesia es la misma época de su producción literaria crítica ante el dispensacionalismo. Yo diría más bien que su desencanto con la iglesia fue el resultado de su crítica del dispensacionalismo y no la causa. En su excelente biografía de A. W. Pink, *Born to Write*, Richard Belcher explica:

> En 1933 [Pink] comenzó a publicar una serie de artículos críticos acerca del dispensacionalismo. Durante esta época Pink perdió a cientos de subscriptores de su revista. El cambio teológico de un énfasis dispensacional a un énfasis reformado tiene que haber sido parte de la razón por su pérdida de popularidad. La posición reformada no era una perspectiva popular en la época ni entre su audiencia en particular.

Pero el cambio al énfasis reformado no fue algo que sucedió de forma abrupta en 1933. Su famoso libro *La So-*

beranía de Dios, publicado en 1918, fue el primer paso a la perfilación de este énfasis. En este libro, Pink expone con claridad y con corte netamente calvinista la doctrina de Dios. El libro no fue bien recibido por sus colegas dispensacionalistas. Arno C. Gaebelin consideró que la publicación del libro fue un error enorme y lo condenó en su totalidad. H. A. Ironside comentó que el libro era un frasco de veneno para la iglesia.

La insistencia en el carácter soberano de Dios fue el primer punto de divergencia con el fundamentalismo norteamericano. Otro punto de desacuerdo sobresaliente tenía que ver con la seguridad eterna. Esta doctrina enseña que una vez que se acepta a Cristo, la salvación no puede estar en duda. El individuo se salva por fe y no importa su caminar con Jesús después de confesar su fe. En términos más modernos, la doctrina propone que se puede aceptar a Jescucristo como Salvador pero no como Señor.

Con respecto a la relación entre la salvación y las buenas obras, Pink observa dos errores fundamentales: la salvación *por* obras y la salvación *sin* obras. El primero es la enseñanza de la Iglesia Católica Romana. El segundo es la enseñanza del fundamentalismo evangélico norteamericano. En su exposición del Sermón del Monte Pink comenta que "enseñan que mientras las buenas obras en los cristianos son deseables, no son imperativos y su ausencia puede resultar en la pérdida de algunos honores mileniales pero no en la pérdida de la bendición de estar en el cielo." Este error, pensaba Pink, era la causa principal por la falta de piedad en la iglesia norteamericana. Pink se opuso con vigor a esta enseñanza. Jesucristo, dice Pink, es el Santo de Dios que libera al hombre de su pecado (Mateo 1:21) no el que salva al hombre para que permanezca en su pecado. La salvación divina es un hecho sobrenatural con consecuencias sobrenaturales. Es un milagro de la gracia que causa que una rosa florezca en medio del desierto.

El rechazo de la doctrina de la seguridad eterna resultó en un cuestionamiento más profundo acerca de la distinción entre la salvación en el Antiguo Testamento y en el Nuevo Testamento. Dice Pink en su exposición del Sermón del Monte:

> Uno de los errores más desastrosos de muchos predicadores y "maestros de la Biblia" de hace cincuenta años, y que ahora se ha difundido por toda la iglesia, es la idea de que durante el Antiguo Testamento el pueblo de Dios estaba bajo el régimen duro de la ley sin provisión alguna de gracia divina y que Cristo vino para abolir ese régimen y para inaugurar una dispensación más benigna

Pink sostuvo que la ley moral de Dios aún tiene un lugar en la vida cristiana. "Dios no preserva a su pueblo en sus caminos pecaminosos sino que los preserva obrando en ellos un odio hacia a esos mismos caminos" dijo Pink en una carta a Lowell Green.

La serie de divergencias mencionadas en los párrafos anteriores culminó en el rechazo de la hermenéutica dispensacionalista. Este rechazo representó el último paso de separación entre Pink y los fundamentalistas. Pink se percató de que el dispensacionalismo no era simplemente un sistema para describir los eventos del porvenir sino que también era un sistema para interpretar el pasado. Iain Murray explica:

[El dispensacionalismo] mantiene que los propósitos salvíficos de Dios han variado en las distintas etapas o dispensaciones. El Reino de Dios, decían, se ofreció al Judío en base a su obediencia de la ley. Por eso, el período del Antiguo Testamento se conoce como una dispensación legal. Las enseñanzas de Cristo, proponen los dispensacionalistas, seguían los requisitos de la dispensación legal hasta el momento de su muerte. Cuando los judíos rechazaron a Cristo y a su reino, Dios suspendió sus intenciones salvíficas para con Israel, e inauguró la edad de la iglesia para salvar a todos aquellos que creen en Jesús.

Pink se convenció de que el error del dispensacionalismo tenía un efecto adverso no en cuanto a los eventos del futuro sino en la presente vida espiritual de los cristianos. Tenía implicaciones espirituales serias conectadas a doctrinas falsas que había venido criticando por años. La idea de un Dios que necesita recurrir a un plan B era una negación de la doctrina de la soberanía de Dios que expuso tan elocuentemente en 1918. La idea de la abolición de la ley, percató Pink, era el fundamento teológico para distinguir erróneamente entre Jesús como Salvador y Jesús como Señor. Dice en sus *Estudios sobre el Dispensacionalismo:*

Pero existe una razón adicional que hoy se hace imperiosa, de porque debemos escribir sobre nuestro presente tema, y esto es, para exponer el error moderno y pernicioso del dispensacionalismo. Este es una artimaña del enemigo diseñada para robarles a los hijos de Dios una porción no menor del pan que su Padre celestial les proveyó para que alimentasen sus almas; una artimaña en la que la astuta serpiente se presenta como ángel de luz (2 Corintios 11:14), fingiendo "hacer de la Biblia un libro nuevo" simplificando tanto de ella que deja perplejo al espiritualmente indocto. Es triste ver cuánto éxito ha tenido el diablo gracias a esta sutil innovación. Es probable que algunos de nuestros propios lectores, al examinar los artículos sobre la interpretación de las Escrituras, hayan sentido que en más de una ocasión nos tomamos cierta libertad indebida con la Biblia, que hacemos uso de algunos pasajes de una manera completamente injustificada, que apropiamos para los santos de esta era cristiana lo que no les pertenece sino que más bien está dirigido a aquellos que vivieron en una dispensación del pasado totalmente distinta a esta, o para algunas que están por venir.

Con esta crítica, Pink dio inicio a una línea de crítica que sería retomado en años posteriores por otros grandes hombres de Dios de la talla de A.W. Tozer, Martyn Lloyd-Jones y culminando en la obra magistral del profesor Oswald T. Allis *La Profecía y la Iglesia*.

Por mucho que los dispensacionalistas de su día lo quisieran catalogar como apóstata y enemigo de la fe por su crítica severa al sistema dispensacional, A.W. Pink demostró una consistencia elegante en su desarrollo teológico que comenzó en la doctrina de Dios, progresó por la doctrina de la salvación y terminó en la doctrina de las últimas cosas. La crítica de Pink al dispensacionalismo no fue un capricho ni tampoco fue un atentado en contra de los líderes evangélicos que se habían disgustado con él por publicar su libro *La Soberanía de Dios*. ¡No! La crítica de Pink proviene de una evolución del pensamiento teológico que inexorablemente le condujo al rechazo de un sistema que, desde su perspectiva, sirvió para desmantelar las doctrinas claves del cristianismo: la supremacía de Dios en su poder y gracia soberana, la oferta de salvación a través del Señorío de Cristo y la continuidad de la obra redentora en el Antiguo y el Nuevo Testamento.

En estas páginas, el lector podrá comprobar esta evolución de pensamiento en los escritos de A. W. Pink. Se notará que aún en su premilenarismo más militante, Pink se esforzó por mantener las doctrinas centrales de su fe. También se notará que en su crítica más severa del dispensacionalismo, se esforzó de igual manera por mantener estas mismas doctrinas. La odisea escatológica de Pink nos demuestra que es imprescindible anclarse en las doctrinas fundamentales acerca de Dios y la salvación. Si en estas se tiene razón, las otras doctrinas eventualmente entrarán en armonía. Pero si abandonamos estas doctrinas con el fin de acomodar a otras, nos encontraremos en el camino hacia al daño espiritual irremediable.

Columbus, Ohio
2015

El Milenio

Arthur W. Pink

Introducción

¿Cuándo regresará el Señor Jesucristo? Al buscar una respuesta satisfactoria y autoritativa a esta pregunta, lo que necesitamos es una mente abierta, un corazón sin prejuicio y un espíritu dispuesto a aprender. Es imposible crecer en la gracia y en el conocimiento de Cristo si nos aferramos a nuestras propias ideas. El requisito inicial es que nos sometamos a la autoridad de la Palabra de Dios y que recibamos con gratitud su revelación. Tenemos que aproximarnos a la Biblia con la disposición de aprender y tenemos que estar abiertos a la posibilidad de ser corregidos. Puede parecer esta afirmación un cliché pero lo cierto es que nunca habrá progreso en la interpretación escatológica si no se adhiere a estos principios. El eje motriz del error teológico es la interpretación de la Biblia desde la perspectiva de otros. Se lee la Biblia con opiniones ya formadas. Se lee la Palabra de Dios con intereses erróneas. No hay tema teológico donde este error sea más claro y contundente que la escatología.

Abundan perspectivas acerca del futuro. Algunos piensan que el milenio llegará a través del esfuerzo de la iglesia. Otros creen que llegará a través de los esfuerzos de la nación de Israel. Tales enseñanzas han sido inculcadas en seminarios e institutos bíblicos con exclusividad. Lo cual dificulta una aproximación seria e imparcial del tema. Sin embargo, al tratar el tema del milenio tenemos que buscar la mente de Dios. Tenemos que preocuparnos por lo que dice la Biblia y no lo que enseña la iglesia. Tenemos que enfocarnos no en lo que dice nuestro credo sino en lo que afirman Las Escrituras. ¿Cuándo regresará nuestro Señor? ¿Antes del milenio o después? Para responder a esta pregunta tenemos que mantener una mente abierta y una disponibilidad de ser enseñado por el mismo Espíritu que inspiró la Biblia. Seamos, pues, como Samuel quien dijo "Habla Señor que tu siervo escucha."

¿Cuándo regresará el Señor? Como mencioné anteriormente, hay dos respuestas a esta pregunta. Algunos teólogos afirman que el Señor regresará al término del milenio. Otros piensan que regresará antes de establecer el reino milenial. Para mantener la imparcialidad en la discusión, presentaremos una breve descripción de cada postura.

Capítulo 1
La Definición de las Posiciones Post- y Pre-Mileniales

La posición post-milenarista

Los teólogos post-milenaristas enseñan que el propósito principal de la encarnación divina fue que el Señor Jesucristo estableciera un reino espiritual. Dicen que los judíos esperaban equivocadamente al Mesías para establecer un reino visible y material. Insisten que el único reino que tiene Jesucristo es un reino invisible e inmaterial. Los sujetos del reino de Cristo son los miembros de su iglesia. El dominio y la autoridad de Cristo se encuentra en los corazones de aquellos quienes le han confesado como Señor. Declaran que el Redentor ahora mismo reina. Declaran que su reino sobre la tierra es presente y que continuará en el futuro hasta que se sobreponga a toda enemistad y oposición y hasta que toda rodilla se doble y toda lengua confiese que Cristo es el Señor. El instrumento que Cristo utiliza para extender su reino sobre la tierra es la iglesia. La iglesia tiene la misión principal de evangelizar y civilizar el mundo. Los teólogos post-milenaristas enseñan que mientras que la iglesia es una institución diferente al estado, tiene a su vez una función política. Sostienen que los cristianos tienen una responsabilidad de participar en la política secular y de asegurar que los dirigentes del estado sean alentados a formar leyes que reflejan una justicia civil.

En los días actuales, los teólogos post-milenaristas observan el cumplimiento de esta expectativa. Creen que la multiplicación de oportunidades educativas, la creciente democratización, los descubrimientos e invenciones de la ciencia moderna, las mejoras en el sistema socio-sanitario, son todos preludios del inminente retorno de Cristo. Creen que la perfección de dichas instituciones conducirá a un siglo de oro, una época de paz y prosperidad mundial y a un reconocimiento categórico del Señorío de Cristo. Cuando se cierra esta época, el Señor regresará en gloria. Regresará para terminar todo, para juzgar a la raza humana y para determinar el destino eterno de todo ser humano. Los teólogos post-milenaristas creen en una resurrección general al final de los tiempos y en un juicio general en el mismo momento. Esta es la posición, a grandes rasgos, del post-milenarismo.

La posición pre-milenarista

La enseñanza pre-milenarista es, en cada punto, diametralmente opuesta a la del teólogo post-milenarista. Los teólogos pre-milenaristas consideran que la expectativa judía de un reino literal, visible y material es una esperanza bíblicamente justificada. Creen que los profetas del Antiguo Testamento claramente se referían a este reino. Piensan, sin embargo, que aunque este reino esté ahora en suspenso, será establecido en el futuro. No creen que Cristo esté reinando ahora. En el presente, Cristo ejerce el oficio de sumo sacerdote. Su oficio de rey no se establecerá hasta que regrese a la tierra para sentarse en el trono de su padre David.

Los teólogos pre-milenaristas niegan que la misión de la iglesia sea civilizar al mundo. Al contrario, aseguran que el quehacer principal de la iglesia es de evangelizar a las naciones. Aunque no niegan que el evangelismo es una fuerza motora de la civilización, insisten en que la iglesia se ocupe únicamente de la tarea que le ha sido encomendada por Jesucristo – Id y predicad el evangelio a cada criatura. En obediencia plena a la comisión del Señor, además, ven con sospecha la tarea política, la reforma social y el esfuerzo humanitario. Estas actividades, de hecho, constituyen la actividad principal del mundo que rechazó a nuestro Señor. La amistad con el mundo, dicen, es enemistad con Dios (Santiago 4:4). Confían en la promesa de Dios de que su Palabra no volverá vacía, sino que realizará lo que sea su voluntad. Mientras que seamos fieles en predicar el evangelio, hay la seguridad de que el Espíritu Santo lo utilizará y lo bendecirá para la conversión de muchos de cuantos lo oyen. Sin embargo, los teólogos pre-milenaristas no encuentran en el Nuevo Testamento promesa alguna que todo el mundo mejorará antes de que Cristo vuelva. Al contrario, leen que "en los postreros días vendrán tiempos peligrosos" y que "los malos hombres y los engañadores irán de mal en peor, engañando y siendo engañados" (2 Timoteo 3:1, 13).

Los pre-milenaristas no creen que pueda haber un milenio antes de que Cristo regrese a la tierra, coloque el gobierno sobre sus hombros y reine allí en poder. No creen que pueda haber mejora en la condición moral y espiritual mientras que el diablo esté suelto. En reconocimiento de la impotencia del hombre de vencer al enemigo, afirman que la única esperanza para este mundo es la segunda venida del Señor y la derrota final de Satanás. Creen que antes de que esto pueda suceder, sin embargo, Cristo tiene que venir por su Iglesia. En vez de interponer los mil años entre el presente y este momento, esperan su venida en cualquier momento. Esto es un esbozo a grandes rasgos de la posición de los pre-milenaristas.

Es evidente que ambas posiciones no pueden ser fieles a las Escrituras. Una tiene que ser verdadera y la otra falsa. Ambas posturas no pueden ser ciertas. ¿Cuál es la posición correcta? Otra vez le suplicamos al lector que se acerque a Dios y que ore fervientemente por un espíritu dispuesto a aprender y por una mente apta para examinar el asunto libre de prejuicios y con un corazón abierto.

Capítulo 2
Una Examinación del Post-milenarismo y el Pre-milenarismo

El post-milenarismo

Los post-milenaristas enseñan que el único reino que gobernará Jesucristo es el reino espiritual y celestial. Afirman que los judíos que esperaban que su Mesías estableciera un reino visible y material en la tierra estaban equivocados. Sostienen que erraron en su interpretación de las Escrituras proféticas y que se cegaron por el deseo carnal. Examinemos esta aseveración a la luz de la Palabra de Dios. Salmos 132:11 dice: "En verdad juró Jehová a David, y no se retractará de ello: de tu descendencia pondré sobre tu trono."

Esta es una de las muchas profecías mesiánicas esparcidas a lo largo del Antiguo Testamento. Es una profecía que no se ha cumplido. Cuando el Señor Jesucristo estuvo en la tierra no ocupó ningún trono. Al contrario, fue clavado a un madero. Es cierto que ahora está sentado en el trono a la diestra del Padre, pero este no es la promesa que Jehová "en verdad juró." David nunca ocupó un trono celestial. Su trono fue un trono terrenal. Reinó en Jerusalén y Dios declaró que el Señor Jesucristo ocuparía el trono de David. Esta profecía del Antiguo Testamento fue confirmada en la época del Nuevo Testamento. En Lucas 1 vemos que un ángel se le apareció a María diciendo: "María, no temas, porque has hallado gracia delante de Dios. Y ahora, concebirás en tu vientre, y darás a luz un hijo, y llamarás su nombre JESUS. Este será grande, y será llamado Hijo del Altísimo; y el Señor Dios le dará el trono de David su padre y reinará sobre la casa de Jacob para siempre, y su reino no tendrá fin" (Lucas 1: 30-33).

Lo que encontramos en Lucas 1 no es una sola profecía sino que es una profecía compuesta. Tiene cinco elementos distintos. María, la virgen, concebiría y daría luz a hijo; su nombre sería Jesús; sería grande y se reconocería como el Hijo de Dios; Dios prometió darle el trono de David y que reinaría sobre la casa de Jacob por siempre. Partes de esta profecía ya se han cumplido literalmente. Hubo un nacimiento literal; su grandeza se ha cumplido literalmente. ¿Qué especie de exegeta puede decir que la ocupación del trono de David no es literal y que el reino sobre la casa de Jacob es simbólico?

Los post-milenaristas enseñan que el mundo será conquistado por la Iglesia. Su lema favorito es "el mundo es para Cristo." Este lema encierra su visión de que la iglesia debe negociar con el mundo. Los post-milenaristas insisten que es el deber solemne de todos los cristianos avanzar la justicia cívica y social. Pero de esto el Espíritu Santo ya ha hablado: "porque ignorando la justicia de Dios, y procurando establecer la suya propia, no se han sujetado a la justicia de Dios" (Romanos 10:3). El Nuevo Testamento desconoce una justicia que exista aparte de la cruz, y no valora una reforma que esté divorciada de la regeneración. Los post-milenaristas sostienen que los creyentes deben buscar la participación política y que es su deber vigilar la legislación. Pero la política no tiene lugar para Jesucristo y los creyentes deben huir de donde el Señor no tenga lugar. El Señor Jesucristo nos ha dejado un ejemplo y debemos seguir en sus pasos. Al considerar los registros de su vida terrenal, sin embargo, no encontramos ningún ejemplo que Jesús tomara parte en la política palestina de su época.

Los post-milenaristas enseñan que el evangelio aun no ha hecho su obra de conversión en el mundo y que Cristo no regresará hasta que el Evangelio no cumpla este propósito. Es un concepto interesante, pero ¿en qué se basa? Obviamente no proviene de las declaraciones del Nuevo Testamento. Hemos sido comisionados a predicar el evangelio a toda criatura pero en ninguna parte dicen las Escrituras que llegará el día en que todos lo creerán.

El Señor Jesús enseñó que "a medida que los días de Noé, así será la venida del Hijo del Hombre" (Mateo 24:37). ¿Cuáles fueron las condiciones en los días de Noé? ¿Todos los hombres de aquella época recibieron los mensajes de los siervos de Dios? ¡Claro que no! En otra ocasión, Cristo dijo: "Asimismo como sucedió en los días de Lot: comían, bebían, compraban, vendían, plantaban, edificaban; pero el día en que Lot salió de Sodoma, llovió fuego y azufre del cielo y los destruyó a todos. Aun así será cuando el Hijo del Hombre se manifieste "(Lucas 17: 28-30) ¿Presentan estas palabras la imagen de nuestro

Señor arribando a un mundo que ha sido ganado por el evangelio? ¡Claro que no! Nuestro Señor muy claramente dio a entender que él no esperaba volver a un mundo donde el cristianismo habría triunfado universalmente: "Cuando el Hijo del hombre venga, ¿hallará fe en la tierra?" (Lucas 18:8).

Los post-milenaristas enseñan que nuestro Señor no volverá hasta el cierre del milenio y que luego habrá una resurrección general de los muertos, seguido de un juicio general, en la que cada miembro de la raza humana va a comparecer ante el gran Juez para que su destino eterno sea decidido. Tal concepción es completamente antibíblica. En el capítulo diecinueve de Apocalipsis vemos que el cielo se abre y que el Señor Jesús sale a la luz sentado en un caballo blanco y con Él los "ejércitos que están en el cielo." Acompañado por sus santos, el Rey de reyes y Señor de señores vuelve a esta tierra, como se observa en el versículo siguiente, porque ahí se nos dice que Él "herirá las naciones, y las regirá con vara de hierro." En Apocalipsis 19 se ve que Cristo hace un estrado de sus enemigos en preparación de la inauguración de su reinado de bendición, y en el siguiente capítulo leemos: "Y vi a un ángel que descendía del cielo, con la llave del abismo, y una gran cadena en la mano. Y prendió al dragón, la serpiente antigua, que es el diablo y Satanás, y lo ató por mil años. Y lo arrojó al abismo, y lo encerró, y puso su sello sobre él, para que no engañase más a las naciones, hasta que mil años sean cumplidos" (Apocalipsis 20:1-3). En los versículos que siguen se nos dice que los que tienen parte en la primera resurrección reinarán con Cristo durante los mil años. Así aprendemos que Cristo deja el cielo y regresa a la tierra antes del comienzo del Milenio. El concepto de una resurrección general y un juicio general es igualmente escritural como veremos más adelante.

El Premilenarismo

Los pre-milenaristas, como indica su nombre, esperan que su Redentor vuelva antes de que comience el milenio. Esperan que introduzca e inaugure el reino milenial. Para ellos un milenio sin Cristo es impensable. Desde sus cunas se les ha enseñado a orar: "Venga tu reino, hágase tu voluntad en la tierra como se hace en el cielo", y no pueden concebir de un reino sin su rey. El milenio es el momento en que se realizará el deseo de los hombres de la época de oro, pero esa época no puede comenzar hasta que el sol de justicia surja con sanidad en sus alas.

El milenio es el momento en que se dejan a un lado las espadas, cuando durante mil años no habrá guerra, sino que habrá paz en toda la tierra gracias al retorno y a la presencia personal del Príncipe de la Paz. Los pre-milenaristas creen que el Cristo del milenio establecerá en la tierra un reino material y visible, que ocupará el trono literal de David y que reinará desde Jerusalén como el rey de los judíos. Esta creencia se basa en muchas declaraciones directas de las Escrituras.

Isaías lo predijo - "Y acontecerá en aquel día, que Jehová castigará al ejército de los altos que están en las alturas, y los reyes de la tierra sobre la tierra. Y serán amontonados como se amontonan encarcelados en mazmorra, y quedarán encerrados en la cárcel, y después de muchos días serán visitados. La luna se avergonzará, y el sol se confundirá, cuando Jehová de los ejércitos reine en el monte de Sión y en Jerusalén, y delante de sus ancianos sea glorioso." Ezequiel lo predijo - "Y él me dijo: Hijo de hombre, el lugar de mi trono, y el lugar de las plantas de mis pies, en el cual habitaré en medio de los hijos de Israel para siempre, y mi santo nombre será la Casa de Israel nunca más contaminará con sus abominaciones que han cometido" (Ezequiel 43: 7), mientras que al cierre de su profecía dice de Jerusalén en el milenio, "Y el nombre de la ciudad desde aquel día será, El Señor está allí." Sofonías lo anunció - "Canta, oh hija de Sión; voces de júbilo, Israel; y alegrémonos con el corazón, hija de Jerusalén. El Señor ha apartado tus juicios, ha echado fuera tus enemigos; el Rey de Israel, el Señor, está en medio de ti "(Sofonías 3: 14-17). Zacarías anunció que "Canta y alégrate, hija de Sion; porque he aquí vengo, y moraré en medio de ti, dice el Señor. Y muchas naciones se unirán al Señor en aquel día, y me serán por pueblo: y habitaré en medio de ti, y tú sabrás que el Señor de los ejércitos me ha enviado a ti. Y Jehová poseerá a Judá su heredad en la tierra santa y escogerá aún a Jerusalén" (Zacarías 2:10-12, y véase además 8:8, 23 y 14:16).

Los pre-milenaristas creen que el reino mesiánico y el Reino del Señor Jesús son venideros aún. Creen que el mismo Cristo así lo enseñó. En la parábola del hombre noble, declaró: "Un hombre noble se fue a un país lejano, para recibir un reino y volver. Y aconteció, que vuelto él, habiendo tomado el reino, mandó a los criados para ser llamados a él, a quien le había dado el dinero, para que pudiera saber cuánto cada hombre había negociado" (Lucas 19:12, 15). Aquí aprendemos que el regreso de Cristo y su recepción del "Reino" están inseparablemente conectados entre sí. Las Escrituras no sólo refutan incontestablemente la afirmación de que Cristo está reinando, sino que además las condiciones actuales no cuadran con este planteamiento. ¡Qué absurdo es decir que Cristo está reinando sobre la tierra cuando su autoridad es despreciado y rechazado por el conjunto del mundo incrédulo! Nadie que rechace a Cristo puede ser llamado un seguidor del Cordero, y si no es un "seguidor", entonces no está sujeta a la voluntad y el gobierno del Señor Jesús, y si no está sujeto a Cristo, entonces en ningún sentido se puede decir que Cristo es su "rey". Además, las condiciones que prevalecen hoy en la tierra repudian la idea de que Cristo esté actualmente reinando el el mundo. El cetro que el primer hombre perdió aun no se ha restaurado, la "maldición" todavía no se ha eliminado, y ¡Satanás está todavía en libertad! Pero todo esto cambiará cuando el Señor Jesús tome el gobierno sobre su hombro y reine en el poder y la justicia.

Los pre-milenaristas creen que el propósito de Dios en esta era es el de sacar de las naciones a "un pueblo para su nombre" (Hechos 15:14). Para efectuar esto, Dios ha provisto el evangelio y el Espíritu Santo que vendrá a la tierra y estará con los suyos hasta lo último de la tierra. En cuanto se predique el evangelio, todos los que son predestinados para vida eterna creerán (Hechos 18:48), pues aunque "muchos son llamados," hay "pocos escogidos" (Mateo 20:16). El propósito de Dios en esta dispensación es un propósito electivo, y digo enfáticamente, el propósito de Dios no ha fallado, no está fallando, y no perecerá; "Acordaos de las cosas de la antigüedad: porque yo soy Dios, y no hay otro; Yo soy Dios, y no hay otro como yo, que declaro el fin desde el principio, y desde la antigüedad lo que aún no era hecho; que digo: Mi consejo permanecerá, y haré todo lo que quiero" (Isaías 46: 9, 10). El evangelio no es un fracaso, ni el Espíritu Santo ha fallado en su misión. Son los teólogos que han fallado, pues no han entendido el propósito de Dios y no han leído correctamente su programa actual.

Capítulo 3
Una Refutación del Post-Milenarismo

La posición post-milenarista se basa principalmente en un error de traducción. En Mateo 13:89 leemos: "La cosecha es el fin del mundo", y de nuevo en Mateo 24: 8 "Y estando él sentado en el monte de los Olivos, los discípulos se le acercaron aparte, diciendo: Dinos, ¿cuándo serán estas cosas? y qué señal habrá de tu venida, y del fin del mundo? " Ahora, la palabra griega que se utiliza en los pasajes anteriores es completamente diferente de la que se encuentra en Juan 3:16 "Tanto amó Dios al *kosmos*." En los versículos citados arriba de la palabra no es *kosmos*, sino que es *aion* y debería haberse rendido "edad" - "la siega es el fin del mundo." En Mateo 13:39 la revisión de 1960 de la Reina Valera dice: "La siega es el fin del siglo." Ambas palabras griegas que se traducen "mundo" en la Antigua Versión de la Reina Valera ocurren en Hebreos 9:26 - "De otra manera le hubiera padecido muchas veces desde la fundación del *kosmos*: pero ahora, en la consumación de la *aion* ha aparecido para quitar el pecado por el sacrificio de sí mismo." Aquí es evidente que *aion* no puede significar "mundo." El Señor Jesús se ofreció como sacrificio por el pecado, hace más de 2000 años, y el fin del "mundo" no ha llegado todavía. Fue en la consumación o al final de la era mosaica que nuestro Señor se encarnó y murió en la cruz para efectuar nuestra salvación. Así, en los casos anteriores se debe interpretar, "la cosecha es el fin del mundo," la edad presente y no el fin del mundo, porque así como la edad mosaica fue seguida de la era cristiana, también la presente dispensación vendrá antes del Milenio. Que la "cosecha" mencionada por nuestro Señor en la parábola de la cizaña tenga lugar al final de esta edad en lugar de al final del "mundo" se aprecia aún más en la comparación de Joel 3:13-17 y Apocalipsis 14:14-20, que se refieren a la misma "cosecha." Esta cosecha se coloca definitivamente al comienzo y no en la consumación del reinado del Mesías. Es claro que nuestro Señor volverá antes del Milenio y no después.

1. La condición del mundo cuando nuestro Señor regrese demuestra que su segunda venida no puede ser posterior al milenio.

La Palabra de Dios da a conocer las condiciones exactas que existirán en el mundo inmediatamente antes del regreso del Redentor. El Espíritu Santo ha dado una serie de retratos del mundo que existirá cuando nuestro Señor regrese. Uno de estos retratos se encuentra en Isaías 2 - "Porque el día de Jehová de los ejércitos vendrá sobre todo soberbio y altivo, y sobre todo el que se ha ensalzado; y será abatido: Y sobre todos los cedros del Líbano, que son altos y erguidos, y sobre todas las encinas de Basán. Y sobre todos los montes altos, y sobre todos los collados elevados para arriba. Y sobre toda torre alta, y sobre todo muro fuerte, y sobre todas las naves de Tarsis, y sobre todas las pinturas preciadas. Y la altivez del hombre será abatida, y la soberbia de los hombres será humillada; y el Señor solo será exaltado en aquel día. Y los ídolos Él quitará totalmente. Y se meterán en las cavernas de las rocas y en las cavernas de la tierra, por temor del Señor, y por la gloria de su majestad, cuando se levante para castigar la tierra. En aquel día arrojará el hombre sus ídolos de plata y sus ídolos de oro, que le hicieron para que adorase, a los topos y murciélagos; para entrar en las hendiduras de las rocas, por temor del Señor, y por la gloria de su majestad, cuando se levante para castigar la tierra." ¿Estos versículos nos muestran a un mundo listo para recibir a Cristo? ¡De ninguna manera! Nos dicen que en el "Día del Señor", es decir, el día que sigue inmediatamente al presente "Día de la Salvación" - los hombres serán "soberbios y altivos"; se da a entender que la idolatría prevalecerá universalmente; nos dice que en lugar de que los hombres le den la bienvenida al Señor Jesús, huirán de él en el terror.

Otro pasaje que describe las condiciones que deben prevalecer en la tierra en el momento del regreso de nuestro Señor se encuentra en 2 Tesalonicenses 1:7-9 - "Y a vosotros que sois atribulados, daros reposo con nosotros, cuando el Señor Jesús se revele desde el cielo con sus poderosos ángeles en llama de fuego, tomando retribución de los que no conocieron a Dios, y de los que no obedecieron al evangelio de nuestro Señor Jesucristo: quienes serán castigado con la destrucción eterna, excluidos de la presencia del Señor y de la gloria de su poder; cuando venga para ser glorificado en sus santos y ser admirado en todos los que creyeron." Observamos que aquí se nos dice expresamente que nuestro Señor regresará otra vez para vengarse de "los que no conocieron a Dios y que no obedecieron al evangelio." Es absolutamente imposible hacer que esta declaración armonice con el concepto del regreso a un mundo previamente evangelizado por completo.

Otra vez, en 2 Pedro 3:3 y 4 leemos: "Sabiendo primero esto, que vendrán en los últimos días burladores, andando según sus propias concupiscencias, y diciendo: ¿Dónde está la promesa de su venida? porque desde que los padres durmieron, todas las cosas permanecen así como desde el principio de la creación. Ciertamente ellos ignoran voluntariamente." Observe que el apóstol está describiendo las condiciones en "los últimos días", es decir, los últimos días de esta dispensación actual. Aprendemos, entonces, que en lugar de que esta edad se cierre con la aceptación universal del evangelio, en lugar de que se atestigüe un mundo reconciliado con Dios en los días finales, se nos dice que, "vendrán en los últimos días burladores", una clase de personas que no tienen interés en la gloria de Dios, sino que seguirán sus propios deseos; y, además, se nos dice que estos "burladores" se burlarán de los que están en busca de la aparición de nuestro Salvador y que la "ignorancia" de estos burladores se debe a un rechazo voluntario y deliberado de la verdad revelada de Dios.

Al juntar estos dos retratos aprendemos que en los días que preceden a la segunda venida de Cristo, la tierra se llenará con idólatras orgullosos, con los que no conocen a Dios ni obedecen al evangelio, y con los que se burlan del retorno del Redentor. Aprendemos también que el regreso verdadero de Cristo no se inaugura con el éxito del evangelio, sino con el juicio divino. Por eso decimos que la condición del mundo cuando nuestro Señor regrese prueba que su segunda venida no se produce al final de la era de la bienaventuranza del milenio, pero más bien ocurre al final de una dispensación en la que Dios ha tratado con paciencia y misericordia a una raza de rebeldes, y que en su venida toma "venganza" de sus enemigos al establecer su reino mesiánico.

2. La enseñanza de Mateo 13 demuestra que el milenio no precede a la segunda venida de Cristo.

En Mateo 13 tenemos el registro de siete parábolas - el número perfecto - que nuestro Señor pronunció de forma consecutiva. Estas parábolas son proféticas en su significado y en su alcance. Se refieren a las condiciones en la tierra durante el tiempo de la ausencia de nuestro Señor. Conciernen la profesión visible del cristianismo y pronostican las escenas finales de la presente dispensación. Un comentario exhaustivo de estas parábolas va más allá de nuestra presente discusión, así que nos contentaremos con señalar sólo lo que es relevante al presente estudio.

El capítulo comienza con la parábola conocida del sembrador que salió a sembrar. Representa la siembra amplia y generosa de la buena semilla por el mismo Salvador, y en su interpretación nos enteramos de que la "semilla" es la Palabra de Dios. La parábola nos presenta con el inicio de la dispensación cristiana y nos demuestra la forma y el alcance de la recepción de la misión y el mensaje del Redentor. Nos da la medida del éxito del evangelio y nos advierte que todos los hombres no van a recibir la Palabra de Dios, que la mayoría la rechazará y sólo una minoría la recibirá. Nos muestra que la proclamación de la Palabra encarará la oposición satánica, sí, que el mundo, la carne y el diablo, se combinarán en sus esfuerzos para impedir que lleve fruto.

El resultado de la siembra se afirma claramente. ¡Tres de cada cuatro siembras fueron infructuosas! La mayor parte de la semilla cayó en tierra estéril. La mayor parte del campo, o sea "el mundo", fracasó por completo para dar a luz cualquier aumento. Parte de la semilla cayó junto al camino y las aves del cielo, la recogieron; otra parte cayó sobre las rocas y el sol la quemó; otra parte cayó entre espinos, y las ahogaron. Sólo una cuarta parte cayó sobre "buena tierra", e incluso existe el fruto variado y la disminución en su rendimiento (ver vs. 23). En su interpretación, el Señor nos dice que los diferentes tipos de suelo sobre el que cayó la semilla representan diferentes clases de personas que escuchan la Palabra.

Ahora ¿qué luz arroja esta parábola a nuestra discusión presente? Nos esclarece con brillo la falacia de la posición del post-milenarista. No hay indicio alguno en esta parábola que un tiempo había de venir, cuando el conjunto del campo estaría cubierto con tierra fértil, en cambio, la única inferencia posible que se puede extraer repudia tal concepción. ¿Quién se atrevería a sugerir que el Divino Sembrador mismo, el "Señor de la mies", sería seguido por otros sembradores quienes tendrían mayor éxito que Jesús mismo? Los resultados de la siembra de nuestro Señor eran una palabra profética acerca de la historia de toda la dispensación cristiana. En ningún período ha estado todo el campo - el mundo - receptivo a la semilla. En ningún período ha habido más de una fracción pequeña que ha recibido la Palabra y dado fruto a la perfección. En cada generación, desde el momento en que nuestro Señor caminó sobre la tierra hasta ahora, los emisarios de Satanás y los afanes y las riquezas del mundo se han combinado para asfixiar y hacer infructuosa la Palabra de Dios. De esta parábola, entonces es imposible deducir la promesa de un mundo que en última instancia será convertido por el evangelio.

La segunda de las parábolas que se encuentra en Mateo 13 es la del trigo y la cizaña. En ella resalta aún más que en la anterior el hecho de que no puede haber milenio de la bienaventuranza en toda la tierra antes del regreso de nuestro Señor. La parábola de la cizaña también tiene importe profético. Se nos da a conocer lo que sucedió en el ministerio de nuestro mismísimo Señor. Inmediatamente después del reparto de la buena semilla por el Divino Sembrador, vino su enemigo y sembró la semilla del mal en el mismo campo. El enemigo era "el maligno", y este particularmente señaló que no sembraba ni espinas ni cardos, sino "cizaña" – grano que se parece tanto al trigo genuino que el uno no puede distinguirse de la otra hasta el momento de la cosecha. He aquí, pues, se ven los esfuerzos del maligno por neutralizar la obra de gracia del Hijo de Dios. La interpretación de esta parábola fue suministrada por el Señor mismo: el trigo representa los "hijos del reino," y la cizaña simboliza los "hijos del maligno" Nótese, sin embargo, que la "cizaña" no representan a hombres malvados como tal, sino que representa a "los ministros de Satanás", a los "falsos apóstoles, obreros fraudulentos" (2 Cor. 11:13) que se introdujeron en secreto por el enemigo, entre el pueblo de Dios al igual que la cizaña se sembró en medio del trigo.

Parte de esta parábola comenzó a cumplirse en los días en que el Nuevo Testamento fue escrito. En los falsos maestros que acosaron a los primeros discípulos podemos ver la mezcla de la cizaña con el trigo. Los "hijos del maligno" eran los judaizantes que entraron en las iglesias de Galacia y que enseñaron que la salvación no se puede conseguir sólo por la fe y que la circuncisión también era necesaria. La "cizaña" se alcanza a ver en Himeneo y Fileto de los cuales leemos, "que en relación con la Verdad han errado, diciendo que la resurrección ya se efectuó, y trastornan la fe de algunos" (2 Timoteo 2:17, 18.). El apóstol Pedro se refirió a la misma clase cuando escribió: "Pero hubo también falsos profetas entre el pueblo, como habrá entre vosotros falsos maestros, que en secreto introducirán encubiertamente herejías destructoras, y aun negarán al Señor que los rescató, atrayendo sobre sí mismos una destrucción rápida" (2 Pedro 2: 1).

Judas, del mismo modo, se refería a tales maestros falsos cuando declaró: "Porque algunos hombres han entrado encubiertamente (como la "cizaña" que se sembró en secreto entre el trigo), que desde antes habían sido destinados para esta condenación, hombres impíos, que convierten la gracia de nuestro Dios en disolución, y negando a Dios y nuestro Señor Jesucristo" (Judas 4). Así vemos que en una fecha muy temprana la cizaña se mezclaba con el trigo.

Una vez más nos preguntamos, ¿Qué luz arroja esta parábola sobre el punto que ahora nos concierne? Y una vez más, la respuesta es, en muchos sentidos. En la declaración de nuestro Señor que la cizaña debe crecer junto con el trigo hasta el momento de la cosecha. Si interpretamos la cosecha como el fin del mundo, podemos ver qué tan absurda, errónea y anti-bíblica es la enseñanza de que el evangelio todavía va a ganar el mundo entero para Cristo. En el momento de la cosecha el mundo sigue siendo un campo mixto, y este hecho niega rotundamente la afirmación de que antes de que nuestro Señor regrese la cizaña será completamente desarraigada o transformada en trigo. En lugar de que la cizaña se transforme en trigo antes de la inauguración del milenio, se nos dice que en el momento de la cosecha, la cizaña se separará del trigo y será arrojada al fuego. ¡Qué imagen tan distinta a la que proponen los post-milenaristas en que los hijos del maligno llegarán a reconciliarse con Dios! En las palabras "Dejad crecer juntos hasta la siega" dos hechos solemnes se revelan: primero, que Satanás continuará a dificultando el éxito del evangelio sin interrupción hasta el final de la edad; y segundo, que la profesión cristiana, una vez dañada, continuará así hasta el final de la dispensación. Y así se ha demostrado. Finalmente, se ha observado que los hijos del Maligno serán arrojados al horno de fuego. Esto sugiere que la presente edad no se cerrará con la recepción universal del evangelio, sino con el juicio divino sobre los hijos de ira.

La tercera parábola de Mateo 13, la de la semilla de mostaza, se distingue de las anteriores en que no fue interpretada por nuestro Señor. Los post-milenaristas se han valido de este hecho para comprobar sus propias teorías preconcebidas. En esta parábola vemos la imagen de un mundo conquistado por el evangelio. Ahora, sea cual sea el significado de esta parábola, no debe hacerse contradecir la enseñanza de las dos parábolas precedentes. Como ya se ha dicho, las siete parábolas registradas en Mateo 13 forman parte de un discurso conectado por nuestro Señor y constituyen palabras proféticas acerca del desarrollo del cristianismo durante el tiempo de su ausencia. Esta tercera parábola, entonces, no puede referirse a la difusión universal de la verdad, porque las dos anteriores muestran que la verdad es impedida por la oposición de Satanás y que la oposición continuará hasta el final de la edad. Entonces, ¿qué nos enseña esta tercera parábola?

La posición que ocupa esta parábola en la serie es una de las claves para su interpretación. La primera parábola se refiere al principio de esta dispensación, el momento en que nuestro Señor estaba aquí en la tierra. La segunda, proféticamente, trata con las condiciones que obtuvieron en el curso de la vida de los apóstoles. Nos muestra los falsos maestros - los hijos del maligno - que arrastraron al pueblo de Dios en su día. La tercera mira hacia adelante a un período posterior y presenta un cuadro profético que vio su materialización en el siglo IV de nuestra era. El crecimiento de la pequeña semilla de mostaza en un gran árbol representa el desarrollo del cristianismo desde un comienzo insignificante en un sistema de imponentes proporciones. En el siglo IV dC el cristianismo fue popularizado por Constantino, quien lo adoptó como religión del estado y obligó a más de un millón de sus súbditos a ser bautizados a punta de espada. La parábola de la cizaña nos muestra un cristianismo corrompido por la introducción insidiosa de los hijos del maligno entre los hijos de Dios: la parábola del grano de mostaza pronostica el crecimiento y la propagación de un cristianismo corrompido. Esta afirmación nuestra puede ser fácilmente verificada en los detalles de la parábola misma.

El grano de mostaza se convirtió en un gran árbol, algo anormal en sí mismo, más aún, una monstruosidad. Lo mismo se puede decir de la popularización del cristianismo en los tiempos de Constantino que produjo un sistema anormal y torpe que era ajeno a su espíritu y su naturaleza. Observe que las "aves del cielo" vinieron y se alojaron en las ramas del gran árbol. En la primera parábola de la serie, el Señor mismo nos dice que las aves del cielo representan los emisarios de Satanás. El gran árbol, entonces, representa un cristianismo nominal y nacional, un sistema mundial monstruoso, que en nuestros días es el conjunto de las llamadas "naciones cristianas." En una palabra, el gran árbol simboliza la cristiandad que en Apocalipsis 18 se dice que es la "guarida de todo espíritu inmundo, y albergue de toda ave aborrecible."

Otra confirmación de la afirmación anterior, que el gran árbol que emitió desde el grano de mostaza representa el crecimiento anormal de un cristianismo corrompido, se encuentra en Daniel 4, donde se registra un sueño que llegó a las autoridades máximas de los poderes gentiles. En su sueño, Nabucodonosor también vio un "gran árbol." "Yo vi, y he aquí un árbol en medio de la tierra, cuya altura era grande. El árbol creció, y era fuerte, y su altura llegaba hasta el cielo, y su vista hasta el final de toda la tierra: Su copa era hermosa, y su fruto abundante, y había en él alimento para todos: las bestias del campo tenían sombra debajo de ella, y las aves del cielo, habitaron en sus ramas, y toda carne se mantenía de él. Vi en las visiones de mi cabeza en mi cama, y he aquí un vigilante santo descendía del cielo; Y clamaba fuertemente y decía así: Cortad el árbol, y le cortó sus ramas, sacudió sus hojas, y derramó su fruto; váyanse las bestias que están debajo de él, y las aves de sus ramas" (Daniel 4:10-14).

Para resumir nuestros comentarios sobre esta parábola. En lugar de favorecer la posición de post-milenarista, su mensaje – interpretado a la luz de Daniel 4 –niega absolutamente el fundamento del sistema. En lugar de enseñar que la iglesia visible deberá conquistar el mundo, muestra que el mundo ha conquistado a la iglesia visible. El grano de mostaza simboliza el carácter externo del cristianismo a principios de esta dispensación, cuando sus devotos eran pocos en número, pobres en los bienes de este mundo, y despreciados por los poderosos de la tierra. En el siglo III dC, la iglesia visible era semejante a una pequeña semilla humilde, modesta en apariencia e insignificante en sus dimensiones. Pero en el siglo IV hubo un cambio dramático. Constantino se convirtió al cristianismo nominal y adoptó el cristianismo como religión del estado. Entonces fue cuando el "árbol" creció y se fortaleció en la tierra con ramas extendidas en todas direcciones. Pero entonces era, también, que las aves de Satanás encontraron refugio dentro de sus ramas imponentes. Sin embargo, por grande que el árbol se haya convertido, al final, su destrucción es segura. Así como aprendimos en la parábola anterior que la cizaña todavía se consignará al fuego, así será con este gran "árbol" que será cortado y desechado.

Pasemos ahora a la cuarta parábola de Mateo 13, la parábola de la levadura. Se trata de la levadura que una mujer tomó y escondió en tres medidas de harina, hasta que toda la masa fue leudada. Esta parábola es uno de los pasajes fundamentales de los post-milenaristas. En ella ven una prueba clara de que el reino de la justicia, la Edad de Oro, se provoca por los esfuerzos de la iglesia. La mujer, se nos dice, simboliza la iglesia, y las tres medidas de harina representan la raza humana. La levadura es símbolo del evangelio, que, aunque trabajando en silencio, con seguridad llegará a permear a toda la humanidad y a influenciar a todos los hombres hacia Dios y hacia el cielo. Pero el supuesto de que la levadura aquí significa la influencia y el poder del evangelio no pasa la prueba de las Escrituras, porque en la Palabra de Dios "levadura" se emplea de manera uniforme como una figura de lo que es malo. A los israelitas en Egipto se les mandó guardarse de toda levadura de sus casas en la noche de la Pascua, y a comer el cordero con pan no-fermentado. La levadura se excluyó de forma rígida de cada una de las ofrendas levitas que tipificaban a Cristo. Cuando nuestro Señor estaba aquí en la tierra ordenó a sus discípulos "Guardaos de la levadura de los fariseos y de los saduceos" (Mateo 16:11). Escribiendo a los Corintios, el apóstol Pablo les exhortó a "Limpiad pues la vieja levadura, para que seáis una nueva lámpara, como sois sin levadura. Porque ni aun Cristo, nuestra Pascua, es sacrificado por nosotros: Por lo tanto, celebremos la fiesta, no con la vieja levadura, ni con la levadura de malicia y de maldad; sino con panes sin levadura, de sinceridad y de verdad" (1 Corintios 5:7 y 8). Así vemos que, en armonía con su naturaleza, la levadura se utiliza de manera uniforme como una figura del mal. ¡Qué extraño entonces que los planteamientos sobrios nunca deberían haber considerado una masa agria y una forma de putrefacción incipiente como un símbolo de la Palabra no adulterada de Dios obrando en los corazones de los hombres!

Entonces, ¿cuál es el significado de la parábola de la levadura? Respondemos que así como la parábola anterior nos presenta el desarrollo externo de un cristianismo corrompido, así esta parábola nos muestra el funcionamiento interno de la corrupción dentro del cristianismo. La tercera parábola nos trae, históricamente, a la época de Constantino; la cuarta nos remite a la época del auge y el crecimiento de la Iglesia Católica Romana. La "mujer" en nuestra parábola figura como la "madre de las rameras y de las abominaciones de la tierra" (Apocalipsis 17:5) - "esa mujer Jezabel, que se dice profetisa" (Apocalipsis 2:20). Su acto de "ocultar" la levadura cuadra bien con el secreto que siempre ha caracterizado a los métodos de la jerarquía romana. La acción de la mujer es una prueba más de que la interpretación post-milenaria de esta parábola es errónea, pues no hay nada secreto sobre el anuncio y la difusión del evangelio. Dijo el Señor a sus discípulos: "Lo que os digo en tinieblas, decidlo en la luz; y lo que oís al oído, proclamadlo desde las azoteas vosotros" (Mateo 10:27); y escribió el apóstol Pablo, "Pero después de haber renunciado a lo oculto y vergonzoso, no andando con astucia, ni adulterando la palabra de Dios con engaño" (2 Corintios 4:2). Pero tanto la "astucia" y el "engaño" hicieron marcar la acción de esta mujer. Sigilosamente introduce en la comida un elemento corruptor, y aunque el pan resultante podría haberse hecho más aceptable, sin embargo, había sido contaminado. Las tres medidas de harina representan la totalidad de la cristiandad, y como el Dr. Haldeman ha señalado, es muy notable que sólo hay tres grandes divisiones de la cristiandad, a saber, la católica romana, la griega, y las iglesias protestantes. Y lo cierto es que estas tres divisiones han sido corrompidas a fondo por la levadura introducida por la "mujer"!

En todas partes hay reliquias de romanismo, incluso en todas las llamadas iglesias protestantes.

Decir que esta parábola enseña que el evangelio va a ganar al mundo entero para Cristo, es vender tinieblas por luz y error por verdad. Porque, en tal caso, si la levadura representa al evangelio, la mujer a la iglesia, y las tres medidas de harina a toda la humanidad, entonces, deberíamos concluir que nuestro Señor se equivocó en su juicio y que sobrestimó al poder del Evangelio para actuar en el corazón de los hombres, porque, aún después de dieciocho siglos, no podemos siquiera señalar un país en donde todos sus individuos profesen el cristianismo; es más, en el mundo entero, no podemos hallar una sola ciudad o pueblo en donde todos sus habitantes sean creyentes en Cristo. No, esta parábola nos muestra el trabajo secreto de un elemento de putrefacción que corrompe en la medida que se extiende, entonces ¿puede el milenio ser introducido por la difusión universal de un cristianismo corrompido?

En estas cuatro parábolas descubrimos los métodos utilizados por Satanás para obstaculizar el trabajo del verdadero cristianismo. Al principio trató de oponerse al obstaculizar el crecimiento de la buena semilla, el método que se implementó durante todo el primer siglo, cuando el diablo trató de exterminar y aniquilar a la Palabra de Dios por medio de la espada y la hoguera. En la segunda parábola vemos que cambia sus tácticas, con el objetivo de destruir el cristianismo mezclándose a sus propios hijos en medio del pueblo de Dios. En la tercera vemos cómo por un golpe maestro del enemigo el cristianismo se va paganizando y como resultado el mundo es conquistado por deslumbrar a los ojos de los hombres con un ritual precioso, con imponente arquitectura, y con la sanción y aprobación de los emperadores romanos ellos mismos. En la cuarta descubrimos cómo logró corromper las doctrinas y las prácticas del cristianismo al introducir en su mismo seno un elemento extraño de putrefacción que ha afectado a la masa entera.

No nos ocuparemos demasiado con las últimas tres parábolas de esta serie. No hay nada en absoluto en ellas, del mismo modo que en las que ya hemos considerado, que confirme y establezca la enseñanza del post-milenarismo. Un tesoro escondido en el campo (que es "el mundo") no puede representar el éxito universal del evangelio. Una "perla", que es un objeto sacado del "mar" (símbolo de las naciones), no puede ser una imagen de un mundo ganado para Cristo. Mientras que la redada, el último de la serie, que encierra, como lo hace, a "cada tipo" de pescado, tanto al malo como al bueno, tampoco apoya la afirmación de que en el fin del tiempo Cristo volverá a encontrar a todos los hombres reconciliados a él mismo.

3. El discurso de Nuestro Señor en el monte de los olivos muestra que no hay triunfo universal del Evangelio antes de su segunda venida.

El Discurso del monte los Olivos de nuestro Señor se registra en Mateo 24, Marcos 13 y Lucas 21. No podemos ahora realizar una exposición detallada de estos capítulos, muy interesantes e importantes. Pero nos limitaremos simplemente a destacar de ellos un par de cosas que arrojan luz sobre nuestra presente investigación. A principios de Mateo 24 encontramos que tres de sus discípulos preguntaron a nuestro Señor, "Dinos, ¿cuándo serán estas cosas? y qué señal habrá de tu venida, y del fin del mundo? " (v. 3). Entonces, ¿cuál fue la respuesta que nuestro Salvador replicó a estas preguntas? ¿Acaso respondió diciendo que la era terminaría con el triunfo universal del evangelio? ¿Les dijo que la señal de su venida sería un mundo convertido que esperaría ansiosamente su regreso? De ser así, entonces se resuelve el asunto de una vez por todas. No puede haber declaraciones en contra de aquel que fue la verdad misma encarnada.

Al leer los versículos que registran la respuesta de nuestro Señor a sus discípulos encontramos que no les demuestra una imagen brillante y atractiva, sino que les mostró condiciones trágicas y patéticas que les afectarían adversamente. En vez de sugerir que las cosas se irían mejorando en su ausencia, indicó que empeorarían. En vez de prometer una era de paz y prosperidad, predice un tiempo de luchas sangrientas y de hambre. En vez de decirle a sus discípulos que la verdad sería difundida y aceptada universalmente, les advierte de la venida de falsos profetas quienes engañarán a muchos. En vez de enseñarles que sus seguidores se multiplicarían en celo y fidelidad, les anunció que debido al imperio de la iniquidad muchos seguidores enfriarían. En vez de decir que regresaría a un mundo que le recibiría con brazos abiertos, predijo que en el momento de su retorno todas las tribus de la tierra llorarán. Es cierto que dijo: "Este evangelio del reino será predicado en todo el mundo, para testimonio a todas las naciones", sin embargo, un poco más abajo, en el mismo capítulo muy claramente da a entender que la predicación se recibirá con un rechazo casi universal - "Porque como en los días de Noé, así será la venida del Hijo del Hombre," demuestra esto.

Por tanto, es casi imposible para nosotros imaginar una negación más directa de la teoría post-milenarista que la que encontramos en este discurso de nuestro Señor. Parece que, con visión omnisciente, previó la misma enseñanza que es tan común en nuestros días y que la anticipó intencionadamente y deliberadamente la repudió. En los versículos 29 y 30 de Mateo 24 leemos: "Inmediatamente después se oscurecerá el sol de la tribulación de aquellos días, y la luna no dará su resplandor, y las estrellas caerán del cielo, y las potencias de los cielos serán sacudido. Entonces aparecerá la señal del Hijo del Hombre en el cielo; y entonces todas las tribus de la tierra llorarán, y verán al Hijo del Hombre viniendo sobre las nubes del cielo con poder y gran gloria ".

La "tribulación" de la que se habla aquí se describe en los versículos 21 y 22 de este mismo capítulo: "Porque habrá entonces gran tribulación, la cual no fue desde el principio del mundo hasta ahora, ni la habrá. Y si aquellos días no fuesen acortados, nadie sería salvo." ¡Cuán diferente es esto de las imágenes brillantes pintadas por los post-milenaristas! Que las cosas aquí mencionadas no puedan referirse a la destrucción de Jerusalén por Tito, es evidente por el hecho de que "inmediatamente después de la tribulación" de aquellos días, el sol no se "oscureció," la luna no "dejó de dar su luz, "y el Hijo del Hombre no se observó" venir en las nubes del cielo." ¡No! Estos versículos describen las condiciones que han de prevalecer en "el fin de la era." Observe en particular que se dice, "Inmediatamente después de la tribulación de aquellos días, el sol se oscurecerá", etc., y que "entonces todas las tribus de la tierra llorarán y verán al Hijo del Hombre viniendo sobre las nubes del cielo." Las condiciones que han de preceder inmediatamente a la segunda venida de Cristo no son las de la bienaventuranza del milenio, sino las de una tribulación sin igual.

4. La obra actual del misterio de la iniquidad demuestra que no puede haber milenio antes del regreso del Redentor.

"Nadie os engañe en ninguna manera; porque ese día no vendrá sin que antes venga la apostasía, y el hombre de pecado sea revelado, el hijo de perdición" (2 Tesalonicenses 2:3). En la primera epístola a los Tesalonicenses, el apóstol hace mención de la segunda venida de Cristo en cada capítulo, y en el primer capítulo de la segunda epístola se repite de nuevo el mismo tema – "cuando se manifieste el Señor Jesús desde el cielo cono los ángeles de su poder, en llama de fuego, para dar retribución a los que no conocieron a Dios, ni obedecen al evangelio de nuestro Señor Jesucristo."

Luego, en la apertura del capítulo dos de la segunda epístola, dice además: "Ahora os rogamos, hermanos, por la venida de nuestro Señor Jesucristo, y nuestra reunión con él, para que no seáis sacudidos pronto en mente, ni os conturbéis, ni por espíritu, ni por palabra, ni por carta como si fuera nuestra, como que el día del Señor está cerca." Observe que aquí el apóstol habla de "el día de Cristo," que es diferente a "la venida de Cristo." El "día de Cristo" significa el milenio y se utiliza en contraste con el "día del hombre" (1 Corintios 4:3) el cual se refiere a la dispensación en que ahora vivimos. Aquí el apóstol dice claramente que "ese día no vendrá sin que antes venga la apostasía, y el hombre de pecado sea revelado, el hijo de perdición" (2 Tesalonicenses 2:3).

El "Hombre de Pecado" es el Anticristo que al final de la presente era se opondrá y se exaltará a sí mismo "todo lo que se llama Dios o es objeto de culto, de modo que él como Dios se sienta en el templo de Dios, haciéndose pasar por Dios" (2 Tesalonicenses 2:4). En el séptimo verso de este mismo capítulo, el apóstol nos dice: "Porque el misterio de la iniquidad ya está en acción: sólo quequien al presente lo detiene (obstaculizar), lo hará hasta que sea quitado de en medio." Obsérvese que el "misterio de la iniquidad" se refiere a la acción de la levadura que fue corrompiendo la comida, obrando incluso en los tiempos del apóstol. Lo que ”obstaculizó” el pleno desarrollo del misterio de iniquidad, "y que ahora impide la revelación del Anticristo, es la presencia en la tierra de Dios el Espíritu Santo. Pero él debe ser sacado de la tierra cuando los santos sean raptados al cielo. Entonces el diablo se les dará "rienda suelta" y el Hijo de la Perdición se manifestará públicamente. En los días del Anticristo, Dios enviará a los hombres un poder engañoso "para que crean a la mentira, y sean condenados, todos los que no creyeron a la verdad, sino que se complacieron en la injusticia" (v. 12). La carrera del Anticristo será interrumpida por el regreso de nuestro Redentor a la tierra, "a quien el Señor matará con el Espíritu de su boca, y destruirá con el resplandor de su venida" (v. 8). El "misterio de la iniquidad", entonces, será llevado a su conclusión únicamente por el retorno de Cristo en el juicio, que es otra prueba de que no puede haber milenio antes de la segunda venida de Cristo.

Resumiendo la enseñanza de 2 Tesalonicenses 1:6-2:12. El testimonio de este pasaje está en perfecto acuerdo con las declaraciones del Señor Jesús en Mateo 24. En lugar de enseñar que antes de que Cristo regrese todos los hombres se convertirán al evangelio, claramente afirma que el Día de Cristo (el milenio) no vendrá "sin que antes venga la apostasía". En lugar de enseñar que esta edad cerrará en el testimonio de un retorno universal a la verdad, declara explícitamente que terminará con Dios abandonando a las multitudes "para que crean la mentira." En lugar de enseñar que esta dispensación terminará con Cristo exaltado en los corazones de todos, declara que cerrará con la manifestación y exaltación del Anticristo y con la venida del Señor en juicio para destruir al maligno y para vengarse de aquellos que no conocen a Dios y que han despreciado el evangelio de su Hijo.

Capítulo 4
El Pre-Milenarismo Establecido

1. Cristo no "recibe el reino" hasta su segunda venida.
Debemos citar una vez más un pasaje que ya ha captado
nuestra atención en otro contexto, a saber, la parábola del
hombre noble. Antes de citarla, sin embargo, tendríamos
primero que observar que esta parábola fue pronunciada
por nuestro Señor con el fin de corregir una idea equivocada que algunos tenían: "Y ya que atesoran estas cosas,
prosiguió Jesús y dijo una parábola, por cuanto estaba
cerca de Jerusalén, y porque pensaban que el reino de
Dios se manifestaría inmediatamente" (Lucas 19:11).
Aquí está la prueba de que el "Reino" al que se refirió
nuestro Señor no era un reino espiritual instituido por él
justo después de su muerte y resurrección, pero era un
Reino que no iba a "aparecer" durante un período consi-
derable de tiempo. De hecho era un reino cuyo estable-
cimiento no ocurriría hasta su segunda venida.

En la parábola del hombre noble, declaró: "Un hombre
noble se fue a un país lejano, para recibir un reino y volver. Y aconteció, que vuelto él, habiendo tomado el
reino, mandó a los criados para ser llamados a Él, a quien

le había dado el dinero, para que pudiera saber cuánto cada hombre había negociado" (Lucas 19:12-15). Así vemos que hay sincronía entre el regreso del Señor y la venida de su reino. El Reino de que nuestro Señor está hablando aquí es el Reino Mesiánico que fue objeto de numerosas profecías del Antiguo Testamento. Es el "Reino" mencionado en Daniel 7:13-14: "Vi en las visiones nocturnas, y he aquí, uno semejante al Hijo del Hombre vino con las nubes del cielo, y vino hasta el anciano de días, y le hicieron acercarse delante de él. Y fue dado a Él (comparar "recibió" en la parábola anterior) dominio, gloria y reino, para que todos los pueblos, naciones y lenguas le sirvieran." El contexto aquí aclara que el Hijo del Hombre recibe este Reino inmediatamente después de la destrucción de los poderes gentiles. Sabemos por el libro de Apocalipsis que esta destrucción ocurrirá justo antes del milenio. Si se necesitaran más pruebas de que la inauguración del reino se lleva a cabo antes y no después del milenio las encontramos en 1 Corintios 15:24, donde se nos dice que al cierre del milenio, que es el tiempo en que tendrá "suprimido todo dominio, toda autoridad y poder" - se le "entregará el reino al Dios y Padre." Si entonces Cristo "ofrece" el reino al Padre en la clausura del milenio, entonces la conclusión irresistible es que "recibe" el Reino a principios del milenio.

2. El "tiempo de la restauración" puede comenzar únicamente en la segunda venida de Cristo.

"Así que, arrepentíos y convertíos, para que vuestros pecados sean borrados, cuando los tiempos de refrigerio vengan de la presencia del Señor; Y él envíe a Jesucristo, que os fue antes anunciado; a Quien el cielo reciba hasta los tiempos de la restauración de todas las cosas, de que habló Dios por boca de sus santos profetas que han sido desde tiempo antiguo" (Hechos 3:19-21). El "tiempo de la restauración", aquí prometido a Israel sobre la condición de su arrepentimiento nacional, es uno de los nombres del milenio mismo. Se le llama así porque en ese tiempo Israel será restaurado y reconciliado a Dios. Se le llama así porque en ese momento Palestina será restaurada a su fertilidad original y será otra vez la tierra en que "fluye leche y miel". Se le llama así porque en ese tiempo la creación animal será restaurada a condiciones edénicas y el cordero yacerá con el león. Se le llama así porque en ese momento la creación será restaurada y liberada de la esclavitud de la corrupción actual, restaurada a su libertad y gloria original. El "tiempo de la restauración" se define en el pasaje en el que se produce esta expresión, como "tiempos de refrigerio" que vendrán desde "la presencia del Señor." Téngase en cuenta especialmente que estos "tiempos de la restauración" no pueden llegar hasta en tanto el mismo Cristo no venga de nuevo. Esto se afirma claramente en las palabras "a quien el cielo debe recibir hasta". Noten que no dice "a quien el cielo debe recibir o retener durante los tiempos de la restauración", y mucho menos "hasta el fin de los tiempos de la restauración ", que es sin duda lo que diría si la enseñanza del post-milenarismo fuera cierta, pero dice "hasta el tiempo de restauración," es decir, hasta que lleguen esas horas. Cuando vengan estos tiempos, entonces, el Señor regresará, y cuando regrese también habrá un tiempo de refrigerio para su pueblo aquí en la tierra.

Observen también que se nos dice que este "tiempo de restauración" ha sido declarado por todos los profetas de

Dios. ¿A cuales tiempos de restauración se refirieron los profetas del Antiguo Testamento? A los tiempos milenarios cuando todas las naciones de la tierra estarán bajo la influencia del cetro de Jesús. Los profetas del Antiguo Testamento conectan de manera uniforme el tiempo de restauración, con la venida de Cristo a la tierra, y no conocían de un reino inaugurado por los esfuerzos de la Iglesia. La declaración de Pedro comprueba, pues, dos puntos: Primero, que nuestro Señor estará en el cielo hasta que llegue el tiempo de la restauración y, segundo, que en el momento en que inicie este tiempo nuestro Señor ciertamente regresará. Entonces, no puede haber un milenio hasta que Cristo vuelva; pero en el momento en que vuelva el milenio se establecerá.

3. La restauración de Israel es potenciada por la segunda venida de Cristo.

En esta sección demostraremos tres puntos: 1) que Israel será restaurada como nación, 2) que la restauración de Israel ocurrirá cuando Jesús regrese y 3) que la restauración de Israel resultará en una gran bendición para todo el mundo.

La restauración literal de la nación de Israel se declara una y otra vez en la Biblia. Podemos citar aquí dos profecías, pero hay muchas más: "He aquí que vienen días, dice Jehová, en que levantaré a David renuevo justo, y reinará un rey, y prosperará, y hará juicio y justicia en la tierra. En sus días será salvo Judá, e Israel habitará confiado; y este será su nombre con el cual le llamarán: Jehová, justicia nuestra. Por lo tanto, he aquí vienen días, dice Jehová, en que no dirán más: Vive Jehová, que hizo subir a los hijos de Israel de la tierra de Egipto; Pero, Vive Jehová, que hizo subir y trajo la simiente de la casa de Israel de la tierra del norte, y de todas las tierras adonde yo los había echado; y habitarán en su propia tierra" (Jeremías 23:5-8). También resalta esta profecía. "Así dice el Señor Dios; He aquí, yo tomo a los hijos de Israel de entre las naciones a las cuales fueron, y los recogeré de todas partes, y los traeré a su tierra; Y los haré una nación en la tierra, en los montes de Israel; y un rey será rey de todos ellos: y serán no más de dos naciones, ni serán divididos en dos reinos más en todo: Ni se contaminarán ya más con sus ídolos, ni con sus abominaciones y con todas sus rebeliones: pero yo los salvaré de todas sus habitaciones, en las cuales pecaron, y los limpiaré; Y serán mi pueblo y yo seré su Dios. Y mi siervo David será rey sobre ellos; y todos ellos tendrán un solo pastor; y andarán en mis preceptos, y mis estatutos, y hacerlas. Y habitarán en la tierra que di a mi siervo Jacob, en la que habitaron vuestros padres; y habitarán en ella, incluso ellos, y sus hijos, y los hijos de sus hijos para siempre: y mi siervo David será príncipe para siempre. Además voy a hacer un pacto de paz con ellos; será un pacto eterno con ellos: y voy a colocarlos, y los multiplicaré, y pondré mi santuario entre ellos para siempre. Mi tabernáculo será con ellos: Y serán mi pueblo y yo seré su Dios. Y sabrán las naciones que yo Jehová hago santidad a Israel, estando mi santuario en medio de ellos para siempre" (Ezequiel 37: 21-28).

El hecho de que la restauración de Israel sincroniza con el regreso del Señor se comprueba en este pasaje: "Y se dirá en aquel día: He aquí, éste es nuestro Dios, le hemos esperado, y nos salvará: Este es el Señor; hemos esperado, nos gozaremos y nos alegraremos en su salvación" (Isaías 25:10 cf). También lo comprueba el capítulo entero de Isaías 60, y particularmente el primer versículo: "Levántate, resplandece; porque ha venido tu luz, y la gloria de Jehová ha nacido sobre ellos." En Hechos 3 vemos que Pedro declaró "Arrepentíos, y conviértanse," y que después del regreso de Cristo vendría el "tiempo de la restauración", incluso los tiempos de refrigerio que debían "venir de la presencia del Señor" (Hechos 3:19-21). En Hechos 15:16 leemos: "Después de esto, volveré y reedificaré el tabernáculo de David que está caído." Y en Romanos 11:25, 26 se nos dice, "Ceguera en parte ha acontecido en Israel, hasta que haya entrado la plenitud de los gentiles en. Y luego todo Israel será salvo; como está escrito: Vendrá de Sion el Libertador, que quitará de Jacob la impiedad."

El hecho de que la restauración de Israel resultará en gran bendición para todo el mundo se comprueba a partir del siguiente texto, "Y el remanente de Jacob será en medio de muchos pueblos como el rocío de Jehová, como las lluvias sobre la hierba, las cuales no esperan para el hombre, ni aguardan a hijos de los hombres" (Miqueas 5:7) "Israel florecerá y echará renuevos, y llenará la faz del mundo de fruto" (Isaías 27:6) Mientras que en Romanos 11 se nos dice que la restauración de Israel traerá aún mayor bendición para el mundo que la que trajo su rechazo: "Si la caída de ellos (Israel) es la riqueza del mundo, y su defección la riqueza de los gentiles, ¿cuánto más su plenitud! Si el rechazamiento de ellos es la reconciliación del mundo, ¿qué será el recibimiento de ellos, sino vida de entre los muertos!" (Romanos 11:11-15).

4. Sólo la segunda venida puede callar el gemir de la creación

La diferencia entre los pre-milenaristas y los post-milenaristas en este punto es tan grande como la diferencia entre la luz y la oscuridad. Los post-milenaristas creen que Cristo no volverá hasta el final de los tiempos, y que cuando venga será para juzgar a la raza humana. Pero los eventos del final de los tiempos son claramente identificados en la Escritura. El apóstol Pedro dijo: "Pero el día del Señor vendrá como ladrón en la noche; en el cual los cielos pasarán con grande estruendo, y los elementos se fundirán, y la tierra y las obras que en ella hay serán quemadas" (2 Pedro 3:10). Los post-milenaristas esperan que el mundo (o sea, el cosmos) y los cielos pasen en la segunda venida de Cristo. En otras palabras, esperan la destrucción completa de la creación como una consecuencia de la segunda venida. Pero los pre-milenaristas esperan la emancipación de toda la creación de su presente condición de esclavitud como uno de los gloriosos resultados de la venida de Jesús. Esta creencia se fundamenta en Romanos 8:18-24, que ya hemos examinado. Sin entrar otra vez en detalle, resumamos su contenido.

"Toda la creación gime y sufre dolores de parto hasta ahora" (v. 22). Este es el destino de toda la naturaleza en la actualidad. La creación gime bajo la acumulación del pecado y la maldad. El hombre gime también. Gime su alma y gime su cuerpo. Los animales gimen. La tierra misma gime, a veces como un gigante en gran dolor. ¿Cómo es, pues, que el mundo puede gozar de mil años de descanso, paz y bendición, mientras que toda la creación aun gime? Aquí, la creación se personifica y se representa en dolor físico y agonizante. Y Dios en los cielos lo escucha. No está sordo al gemir. No es impotente para responder. Viene el día de liberación para la creación que gime. Se anuncia ese día en el pasaje que estamos considerando. El día en que el gemir de la creación cesará es el día en que Cristo vuelve para traer el milenio y para revelar la gloria de todos sus santos. El tiempo de la liberación de la creación es "la manifestación de los hijos de Dios" (v. 19 cf. Col. 3:3).

Esta manifestación se denomina en el versículo 23 como "la adopción, la redención de nuestros cuerpos", lo cual se refiere a la primera resurrección. La creación, pues, espera el regreso de Cristo y la gloria de sus santos. No es hasta ese día que la creación será liberada de su gemir.

He aquí la respuesta a nuestra pregunta ¿Cuándo regresará el Redentor? Regresará antes del milenio. Regresará para inaugurar el milenio y para establecer el reino mesiánico, restaurar a Israel y liberar a la creación que gime.

Arthur W. Pink

Una Exposición de Mateo 24

El Evangelio según San Mateo
Capítulo 24

1 Cuando Jesús salió del templo y se iba, se acercaron sus discípulos para mostrarle los edificios del templo. **2** Respondiendo él, les dijo: ¿Veis todo esto? De cierto os digo, que no quedará aquí piedra sobre piedra, que no sea derribada.

Señales antes del fin
(Mr. 13.3-23; Lc. 21.7-24)

3 Y estando él sentado en el monte de los Olivos, los discípulos se le acercaron aparte, diciendo: Dinos, ¿cuándo serán estas cosas, y qué señal habrá de tu venida, y del fin del siglo? **4** Respondiendo Jesús, les dijo: Mirad que nadie os engañe. **5** Porque vendrán muchos en mi nombre, diciendo: Yo soy el Cristo; y a muchos engañarán. **6** Y oiréis de guerras y rumores de guerras; mirad que no os turbéis, porque es necesario que todo esto acontezca; pero aún no es el fin. **7** Porque se levantará nación contra nación, y reino contra reino; y habrá pestes, y hambres, y terremotos en diferentes lugares. **8** Y todo esto será principio de dolores. **9** Entonces os entregarán a tribulación, y os matarán, y seréis aborrecidos de todas las gentes por causa de mi nombre. **10** Muchos tropezarán entonces, y se entregarán unos a otros, y unos a otros se aborrecerán. **11** Y muchos falsos profetas se levantarán, y engañarán a muchos; **12** y por haberse multiplicado la maldad, el amor de muchos se enfriará. **13** Mas el que persevere hasta el fin, éste será salvo. **14** Y será predicado este evangelio del reino en todo el mundo, para testimonio a todas las naciones; y entonces vendrá el fin.

15 Por tanto, cuando veáis en el lugar santo la abominación desoladora de que habló el profeta Daniel (el que lee, entienda), **16** entonces los que estén en Judea, huyan a los montes. **17** El que esté en la azotea, no descienda para tomar algo de su casa; **18** y el que esté en el campo, no vuelva atrás para tomar su capa. **19** Mas !!ay de las que estén encintas, y de las que críen en aquellos días!
20 Orad, pues, que vuestra huida no sea en invierno ni en día de reposo;[a] **21** porque habrá entonces gran tribulación, cual no la ha habido desde el principio del mundo hasta ahora, ni la habrá. **22** Y si aquellos días no fuesen acortados, nadie sería salvo; mas por causa de los escogidos, aquellos días serán acortados. **23** Entonces, si alguno os dijere: Mirad, aquí está el Cristo, o mirad, allí está, no lo creáis. **24** Porque se levantarán falsos Cristos, y falsos profetas, y harán grandes señales y prodigios, de tal manera que engañarán, si fuere posible, aun a los escogidos. **25** Ya os lo he dicho antes. **26** Así que, si os dijeren: Mirad, está en el desierto, no salgáis; o mirad, está en los aposentos, no lo creáis. **27** Porque como el relámpago que sale del oriente y se muestra hasta el occidente, así será también la venida del Hijo del Hombre. **28** Porque dondequiera que estuviere el cuerpo muerto, allí se juntarán las águilas.

La venida del Hijo del Hombre
(Mr. 13.24-37; Lc. 21.25-36; 17.25-36; 12.41-48)

29 E inmediatamente después de la tribulación de aquellos días, el sol se oscurecerá, y la luna no dará su resplandor, y las estrellas caerán del cielo, y las potencias de los cielos serán conmovidas. **30** Entonces aparecerá la señal del Hijo del Hombre en el cielo; y entonces lamentarán todas las tribus de la tierra, y verán al Hijo del Hombre viniendo sobre las nubes del cielo, con poder y gran gloria. **31** Y enviará sus ángeles con gran voz de trompeta, y juntarán a sus escogidos, de los cuatro vientos, desde un extremo del cielo hasta el otro. **32** De la higuera aprended la parábola: Cuando ya su rama está tierna, y brotan las hojas, sabéis que el verano está cerca.

33 Así también vosotros, cuando veáis todas estas cosas, conoced que está cerca, a las puertas. **34** De cierto os digo, que no pasará esta generación hasta que todo esto acontezca. **35** El cielo y la tierra pasarán, pero mis palabras no pasarán. **36** Pero del día y la hora nadie sabe, ni aun los ángeles de los cielos, sino sólo mi Padre. **37** Mas como en los días de Noé, así será la venida del Hijo del Hombre. **38** Porque como en los días antes del diluvio estaban comiendo y bebiendo, casándose y dando en casamiento, hasta el día en que Noé entró en el arca, **39** y no entendieron hasta que vino el diluvio y se los llevó a todos, así será también la venida del Hijo del Hombre. **40** Entonces estarán dos en el campo; el uno será tomado, y el otro será dejado. **41** Dos mujeres estarán moliendo en un molino; la una será tomada, y la otra será dejada. **42** Velad, pues, porque no sabéis a qué hora ha de venir vuestro Señor. **43** Pero sabed esto, que si el padre de familia supiese a qué hora el ladrón habría de venir, velaría, y no dejaría minar su casa. **44** Por tanto, también vosotros estad preparados; porque el Hijo del Hombre vendrá a la hora que no pensáis. **45** ¿Quién es, pues, el siervo fiel y prudente, al cual puso su señor sobre su casa para que les dé el alimento a tiempo? **46** Bienaventurado aquel siervo al cual, cuando su señor venga, le halle haciendo así. **47** De cierto os digo que sobre todos sus bienes le pondrá. **48** Pero si aquel siervo malo dijere en su corazón:

Mi señor tarda en venir; **49** y comenzare a golpear a sus consiervos, y aun a comer y a beber con los borrachos, **50** vendrá el señor de aquel siervo en día que éste no espera, y a la hora que no sabe, **51** y lo castigará duramente, y pondrá su parte con los hipócritas; allí será el lloro y el crujir de dientes.

El discurso profético que encontramos en Mateo 24 y 25 fue dado por Jesús a sus discípulos en privado a menos de una semana de su muerte. Había salido del Templo por última vez. Había dado por concluido su ministerio público. Había anunciado a los líderes de la nación que su "casa estaba desolada" y había declarado "no me veréis de ahora en adelante, hasta que digáis: Bendito el que viene en nombre del Señor."

Mientras que Cristo salía del Templo, acompañado por sus discípulos, no cabe duda que estaban sorprendidos y confusos por lo que acababa de decir. En su estupefacción le dijeron "Maestro, mira qué piedras y edificios están aquí" (Marcos 13:1). A lo que él respondió: "¿Veis todo esto? de cierto os digo, que no será dejada aquí piedra sobre piedra, que no sea derribada" (Mateo 24:2). Luego, estando él sentado en el monte de los Olivos, a la vista de la ciudad y el templo, los discípulos le preguntaron: "Dinos, ¿cuándo serán estas cosas? ¿y qué señal habrá de tu venida, y del fin del mundo?" (Mateo 24:3)

Cada uno de los tres primeros Evangelios nos presentan un retrato inspirado de este último discurso profético del Señor. Es sólo a través de una comparación diligente que podemos notar sus diferencias y percibir la extensión y el diseño de cada uno. Pues en los Evangelios sinópticos no existe la simple repetición. La narración de Lucas difiere de la Mateo y Marcos en dos importantes respectos - en lo que se dice y en lo que no se dice. La narración de Mateo se basa en una triple pregunta (véase Mateo 24:3); mientras que la de Lucas se basa en una doble pregunta, (véase Lucas 21:7). Es importante que se note la falta de referencia a la venida de Cristo en la narración de Lucas.

La segunda gran diferencia está asociada con el tiempo de la huida. En Mateo 24:15-16 leemos: "Cuando, por tanto, veáis la abominación desoladora de que habló el profeta Daniel, que estará en el lugar santo, (el que lee, entienda), entonces los que estén en Judea huyan a los montes ". Mientras que en Lucas 21:20-21 leemos. "Y cuando veáis a Jerusalén rodeada de ejércitos entonces sabrán que su destrucción ha llegado. Entonces los que estén en Judea, huyan a los montes." Esa parte del discurso profético de nuestro Señor registrada en Lucas 21 (hasta la mitad del v. 24) fue cumplido plenamente en el año 70 dC. En primer lugar, Jerusalén fue invadido por Cestio Galo pero fue vencido. Más tarde, fue atacado por Tito, el hijo del emperador, y esta vez la saqueda fue un éxito. Pero entre las dos ocupaciones, hay buenas razones para creer que todos los cristianos "huyeron" y que ninguno de ellos perecieron en Jerusalén. El "signo" de Lucas es pasado, pero el de Mateo es futuro. Es muy importante observar que en Mateo 24 no se hace ninguna referencia a la destrucción de Jerusalén después del versículo 2; mientras que, por otro lado, en Lucas 21 no se hace referencia en absoluto a "la abominación de la desolación.

Ahora, en el estudio de Mateo 24 es imprescindible prestar especial atención al capítulo anterior. Allí, un "ay" séptuple es pronunciado, y la sentencia solemne de la fatalidad es pronunciada por el Señor Jesús a la nación apóstata de Israel. Esto se encuentra en los versículos 34-38, cerrando con esas terribles palabras: "He aquí vuestra casa os es dejada desolada y el Señor añadió: Porque os digo, que no me veréis en adelante, hasta que digáis: Bendito es El que viene en nombre del Señor" (v. 39). Este último versículo es muy importante. La "venida" de

Cristo se refiere no a su descenso en el aire para alcanzar a la Iglesia sino a su regreso a la tierra al pueblo de Israel. Esto es lo que proporciona la clave de Mateo 24:3, y muestra que todo Mateo 24 está todavía en el futuro y es completamente judío.

"Y salió Jesús, y se fue del Templo" (v 1). Ponga atención a la primera palabra de este verso: la conjunción "y" indica que lo que sigue da una continuación, sin interrupción, de lo que se registra en los últimos versículos del capítulo 23. Confirma solemnemente lo que se había anunciado: "Su casa os es dejada desierta" es verificado por las palabras "cuando Jesús salía del templo."

"Y sus discípulos se le acercaron a Él para mostrarle los edificios del templo. Y Jesús les dijo: ¿Veis todo esto? de cierto os digo, que no será dejada aquí piedra sobre piedra, que no sea derribada" (Mateo 1:1). Aquí el Señor predijo la destrucción de Jerusalén, o más específicamente, la demolición del templo. Es muy importante observar que esto fue dicho antes del discurso profético de Cristo registrado en Mateo 24: 4 en adelante.

"Y estando él sentado en el monte de los Olivos, los discípulos se le acercaron aparte, diciendo: Dinos, ¿cuándo serán estas cosas?" (V. 3). El hecho de que esta pregunta se hiciera por separado de "¿Y qué señal habrá de tu venida, y del fin del mundo?" o "edad", muestra claramente que el "cuándo serán estas cosas?" se refiere específicamente a la destrucción del templo, lo cual implicó la destrucción de la ciudad. Es de notar que sólo Lucas registra la respuesta de Cristo a esta pregunta (véase Lucas 21:20-24). Mateo fue guiado por el Espíritu a omitir esta parte de la predicción de nuestro Señor.

"¿Y qué señal habrá de tu venida?" (V. 3). ¿Qué tenían los discípulos en mente cuando le hicieron a esta pregunta? Seguramente no puede haber la menor dificultad para nosotros ahora para descubrir la verdadera respuesta. Por lo que se ve en los registros inspirados, hasta este momento el Señor no había dicho nada en absoluto a sus discípulos acerca de Su ida a la casa del Padre, a preparar lugar para su pueblo, y de su segunda venida a recibirlos "para sí." No se nos da ninguna indicación de su descenso futuro en el aire con el fin de recoger a sus santos de esta tierra. Por lo tanto, este aspecto de la venida del Señor no podría haber sido la inquietud de los discípulos en ese momento. Debería ser obvio para todos los corazones honestos y para todas las mentes imparciales que cuando le preguntaron: "¿Qué señal habrá de tu venida?" tenían en mente lo que acababa de decir a la nación de Israel, es decir, "Vosotros no me veis ahora en adelante, hasta que digáis: Bendito el que viene en nombre del Señor" (Mateo 21:9); que fue su regreso a la tierra. Esto nos permite fijar el significado de esta pregunta de los discípulos: "¿Qué señal habrá de tu venida?" Ahora no se dan "señales" para aquellos cuya vocación es la celestial. ¿Cómo las puede haber, cuando de ellos está escrito, "por fe andamos, no por vista"? (2 Corintios 5:7). ¡Hoy el pueblo de Dios no busca "señales", sino más bien escucha atentamente por el sonar de la trompeta (1 Tesalonicenses 4:16)!

Y ¿qué del fin de los tiempos? ¿A qué tiempos se referían los discípulos? Seguramente puede haber una sola respuesta: se referían a la "venida" de Cristo a la tierra misma. Hay que tener muy en cuenta que esta pregunta fue hecha por los discípulos, desde su perspectiva judía ante la Cruz, antes de que comenzara la dispensación cristiana. Es de importancia fundamental mantener presente este hecho, pues un error en este punto implica necesariamente una interpretación errónea de lo que sigue. Si recordamos que en este momento los apóstoles no tenían idea acerca de (o, en todo caso, ninguna creencia real en) la muerte y resurrección de Cristo, debería ayudarnos a ver que la "edad" cristiana no podría haber sido su inquietud. Ellos eran judíos – judíos en espíritu, judíos en sus esperanzas y judíos en sus expectativas. El primer versículo de Mateo 24 (siguiendo inmediatamente después Mateo 23:38) nos revela este hecho contundentemente. Es la interpretación desviada de este punto que ha llevado a muchos a pensar que Mateo 24 enseña que "la Iglesia" pasará por la gran tribulación.

Se debe observar cuidadosamente que en su respuesta el Señor refirió a los discípulos al libro de Daniel: "Cuando verás la abominación desoladora de que habló el profeta Daniel, que estará en el lugar santo" (v. 15). Es interesante observar que las expresiones "el fin" o "tiempo del fin" ocurren en Daniel apenas trece veces, y que no se encuentran en ningún otro lugar en el Antiguo Testamento. Estas expresiones se refieren a la "semana" setenta incumplida de Daniel 9:24-27, que conduce a un dominio gentil sobre la nación de Israel. La nueva "Edad" se presentará con la segunda venida del Mesías a la tierra, y seguido de esto Israel se colocará a la cabeza de las naciones. Las referencias a "edad" se encuentran en Hebreos 2:5 y 6:5. Así que los discípulos con razón conectan el "fin del mundo", con la "venida" de Cristo; Su regreso a la tierra con el fin de la "era." Lo que es importantísimo destacar es que en Mateo 23:39 Cristo no conecta su "venida" con la destrucción de Jerusalén y la destrucción del Templo, sino que la asocia con la época gloriosa de la conversión nacional de Israel.

"Respondiendo Jesús, les dijo: Mirad que nadie os engañe. Porque vendrán muchos en mi nombre, diciendo: Yo soy el Cristo; ya muchos engañarán "(vv. 4, 5). El Señor estaba aquí hablando a sus discípulos como a los representantes del remanente judío piadoso del futuro. Mateo no registra la respuesta de Cristo a la primera pregunta, que se registra en Lucas. No hay paralelo entre Mateo 24 y Lucas 21:20. Tampoco hay algo allí que sea pertinente a la dispensación cristiana. Se ignora, de hecho, la totalidad de nuestra presente dispensación parentética, ya que ocurre en la semana 69 y la semana 70 de Daniel. Los versículos 4-14 de Mateo 24 tratan de la primera mitad de la semana 70. Los versículos 15-30 tratan de la segunda mitad de esa misma semana. Aunque los versículos 4-7 describen las condiciones que se han atestiguados a través de toda la era cristiana, esas condiciones aparecerán de forma más intensa durante la tribulación.

Los detalles completos en torno a los tiempos referidos en el discurso completo de Cristo en Mateo 24 se encuentran en el libro de Apocalipsis. De hecho, la mayoría de este último libro profético trata de este tiempo. Al cerrar de la presente dispensación, el cristianismo será vomitado (Apocalipsis 3), los santos serán raptados (Apocalipsis 4:1), y serán reunidos en compañía de los redimidos en el cielo adorando a Dios (Apocalipsis 4:4-11). Después de estos acontecimientos, el Cordero, como el León de

Judá, tomará el libro (Apocalipsis 5) e Israel una vez más aparece en el escenario. En el momento en que los sellos se rompen en el libro encontramos una correspondencia exacta entre lo que se relata en Apocalipsis y lo que encontramos en Mateo 24. Los paralelos son maravillosos, meticulosos y múltiples. Veamos unos cuantos de estos paralelos ahora.

"Respondiendo Jesús, les dijo: Mirad que nadie os engañe. Porque vendrán muchos en mi nombre, diciendo: Yo soy el Cristo; y a muchos engañarán "(vv. 24, 4). Esta fue la primera parte de la respuesta de nuestro Señor a las preguntas de los discípulos. "Vi cuando el Cordero abrió uno de los sellos, y oí, como si fuera el ruido de un trueno, uno de los cuatro seres vivientes, que decía: Ven y mira. Y miré, y he aquí un caballo blanco: y el que lo montaba tenía un arco; y una corona se le dio: y salió venciendo, y para vencer "(Apocalipsis 6:1-2). Estas palabras retratan la decepción del Anticristo - el que falsifica a Cristo - de Apocalipsis 19:11.

"Y oiréis de guerras y rumores de guerras"; esto ilustra que una separación entre el cristiano y la gran tribulación. "Porque se levantará nación contra nación, y reino contra reino" (Mateo 24: 6-7). "Y cuando él abrió el segundo sello oí al segundo ser viviente, que decía: Ven y mira. Y salió otro caballo, bermejo; y el poder se le dio al que estaba sentado al respecto a quitar la paz de la tierra, y que se matasen unos a otros; y no se le dio una gran espada "(Apocalipsis 6:3-4). Entonces, el contenido del segundo sello corresponde exactamente a la segunda parte de la profecía de Jesús.

"Y habrá pestes" (Mateo 24:7). "Y cuando él abrió el tercer sello, oí al tercer ser viviente, que decía: Ven y mira. Y miré, y he aquí un caballo negro (el color de la hambría) Apocalipsis 4:8; 5:10); "y el que lo montaba tenía una balanza en la mano. Y oí una voz de en medio de los cuatro seres vivientes decir: Una medida de trigo por un denario (salario de un día, ver Mateo 20:2) y seis libras de cebada por un denario" (Apocalipsis 6:5-6).

"Y hambres, y terremotos en diferentes lugares" (Mateo 24: 7). "Y cuando él abrió el cuarto sello, oí la voz del cuarto ser viviente que decía: Ven y mira. Y miré, y he aquí un caballo amarillo: y su nombre que lo montaba se llamaba Muerte, y el Hades le seguía. Y el poder fue dado a ellos sobre la cuarta parte de la tierra, para matar con espada, con hambre, con mortandad, y con las fieras de la tierra" (Apocalipsis 6: 7-8).

"Todos estos son los principios de dolores" o "dolores de parto" (Mateo 24: 8). Estos dolores de parto son el inicio del alumbramiento de la regeneración de Israel. Si el lector desea trazar las correspondencias restantes entre los dos capítulos puede comparar Mateo 24: 8-28 con Apocalipsis 6: 9-11; y luego Mateo 24: 29,30 con Apocalipsis 6: 12-17.

Pasemos ahora al versículo 15: "Cuando por lo tanto verás la abominación desoladora de que habló el profeta Daniel, que estará en el lugar santo, el que lee entienda." Este es el punto que marca la división entre las dos mitades de la septuagésima "semana"; el lector puede comparar este pasaje con Daniel 9:27. El Señor estaba hablando a sus discípulos como judíos, como los representantes de los que han de estar en la tierra en el momento en que estas cosas se cumplan. Que esto no es "forzar la cuestión" debe quedar claro por una referencia a Mateo 23:39: la palabra se refería a los escribas y a los fariseos como los representantes de la nación de Israel, tanto presente y futuro, es decir, de la nación como una unidad. Un caso similar se encuentra en 1 Tesalonicenses 4:17, "Entonces nosotros, los que estamos vivos." El apóstol no dijo "ellos", pero se dirigió a los santos de Tesalónica, incluyéndose a si mismo, ya que son los representantes de todos los creyentes que vivirán en la tierra cuando venga el Señor en el aire.

La "abominación desoladora" es la imagen del Anticristo (Apocalipsis 13) que estará presente en la re-construcción del templo en Jerusalén. La referencia aquí en Mateo 24:15 no es a la profanación del Templo por Tito, como Daniel 9:27, 11:31, 12:11 muestran con claridad. Es en "la mitad de la semana", que "el sacrificio y la ofrenda" se hacen cesar. Es entonces que el Cristo falso se quitará la máscara y aparecerá como el opositor de Cristo, exigiendo que los honores divinos se le rindan sólo a él: En el Antiguo Testamento encontramos un tipo del Anticristo en Daniel 3:1-7.

"Porque habrá entonces gran tribulación, la cual no fue desde el principio del mundo hasta ahora, ni la habrá. Y si aquellos días no fuesen acortados, nadie sería salvo; mas por causa de los escogidos, (es decir, el bien del remanente judío piadoso) serán acortados esos días" (Mateo 24:21, 22) La doble referencia a "los días" aquí junto con una tercera referencia en el versículo 19, debe ser interpretada a la luz de "la abominación desoladora" que se menciona en el versículo 15. Jesús no se refería aquí a la destrucción de Jerusalén por Tito. Sus palabras en el versículo 22 son paralelas a las palabras de Daniel 12:1. "En aquel tiempo se levantará Miguel, el gran príncipe que está por los hijos de tu pueblo: y será tiempo de angustia, cual nunca fue desde que hubo gente hasta entonces; pero en aquel tiempo será liberado tu pueblo, todos los que se hallen escritos en el libro," es decir, los elegidos de Dios de entre los judíos. Por eso la gran tribulación de Mateo 24:21 no se refiere a la destrucción de Jerusalén ni a la subsiguiente dispersión de Israel, sino que habla del día que vendrá inmediatamente antes de su "liberación."

"Entonces, si alguno os dijere: Mirad, aquí está el Cristo, o allí, no le creáis" (Mateo 24:23). Esto se refiere al momento en que el hombre de pecado se sentará en el templo de Dios "haciéndose pasar por Dios" (2 Tesalonicenses 2:3-4).

"Porque como el relámpago que sale del oriente y se muestra hasta el occidente, así será la venida del Hijo del Hombre" (Mateo 24:27). En ningún momento se utiliza este título de Cristo en las cartas paulinas (dirigidas a la iglesia). Estamos esperando el llamado del "Hijo de Dios" (1 Tesalonicenses 1:9-10).

"Porque dondequiera que estuviere el cuerpo muerto, allí las águilas se juntarán" (Mateo 24:28). El cuerpo muerto se refiere a la masa apóstata de Israel; las águilas son símbolos del juicio divino (véase Deuteronomio 28:26; Ezequiel 39:17; Apocalipsis 19:17).

"De cierto os digo, esta generación no pasará hasta que

todas estas cosas se cumplan" (Mateo 24:34). Debemos comparar esto cuidadosamente con Mateo 12:43-45. No solo pasará la nación (o generación) de Israel sino que también pasará la generación perversa. Esto sucederá en el cumplimiento de Mateo 24. Pasará la generación perversa y surgirá una nueva nación (véase Salmo 22:30-31; 102:18; Deuteronomio 32:5, 20).

La referencia a los "días de Noé" en versículos 37-39 concuerdan con el resto de este discurso profético. Primero, Noé vivió al final de la era antediluviana. Así también, Mateo 24 describe las condiciones al final de la era judía. Segundo, Noé y su casa fueron liberados del juicio severo de Dios. Así también, un remanente elegido de judíos serán preservados en la Gran Tribulación (Apocalipsis 12: 6-14). Tercero, Noé y su casa salieron del arca a un mundo que había sido limpiado por el juicio y la destrucción, e inauguraron una nueva era. Así también, el remanente judío pasará por la Gran Tribulación y de allí se inaugurará el Israel milenial. Cuarto, el juicio consumió a los incrédulos. "Así también será la venida del Hijo del Hombre." Pero que bendición para el cristiano recordar que antes del comienzo del diluvio, Enoc - un tipo de la iglesia - se fue con Dios. ¡Que esta esperanza bendita permanezca en nuestros corazones y que asimismo purifique nuestro caminar! En vez de buscar por "señales", mejor procuremos oír atentamente por ese Sonido de sonidos. En vez de temer la venida de la Tribulación, alabemos mejor a Dios porque estaremos lejos de ella. En vez de escudriñar la personalidad de personajes poderosos buscando rasgos del Hombre de Pecado, busquemos mejor la esperanza bendita de la aparición gloriosa de nuestro Señor y Salvador Cristo Jesús (Tito 2:13).

Arthur W. Pink

La Aplicación de las Escrituras: Estudios sobre el Dispensacionalismo

Capítulo 1
La Aplicación Adecuada de las Escrituras

Aplicación y exégesis

Habiendo escrito tanto acerca de la inspiración como también de la interpretación de las Sagradas Escrituras[i], es necesario, a fin de darle una unidad mancomunada (a un mismo fin), proveer uno o dos artículos de la *aplicación* propiamente dicha. Primero, porque está muy estrechamente relacionada con la exégesis en sí: si una mala aplicación o un mal uso fuese hecho de determinado versículo, consecuentemente la explicación que hagamos del mismo terminará por ser necesariamente errónea. Por ejemplo, el Romanismo (papismo) insiste en que "apacienta a mis ovejas" (Juan 21:15-17) era una concesión de Cristo hacia Pedro otorgándole un privilegio especial y peculiar honor, siendo uno de los pasajes al que este sistema maligno apela con el fin de fundamentar la primacía de este Apóstol. Sin embargo, no hay nada en los escritos del propio Pedro con lo cual dé a entender que él mismo considerara a tales indicaciones de su Maestro como constituyéndole "Obispo Universal." En vez de eso, en su primera Epístola encontramos expresamente lo contrario, dado que lo vemos exhortando a los ancianos u obispos:

> "Apacentad la grey de Dios que está entre vosotros, cuidando de ella, no por fuerza, sino voluntariamente; no por ganancia deshonesta, sino con ánimo pronto; no como te-

niendo señorío sobre los que están a vuestro cuidado, sino siendo ejemplos de la grey" (1 Pedro 5:2-3).

Así pues, queda bien claro por este pasaje que los preceptos que Cristo da en Juan 21:15-17 se aplican o pertenecen a todos los pastores. Por otro lado, las palabras de nuestro Señor dirigidas a Pedro y a Andrés, "Venid en pos de mí, y os haré pescadores de hombres" (Mateo 4:16), no aplican para todos sus discípulos, sino solamente para aquellos a quienes Él llamó y calificó para el ministerio. Esto es evidente del hecho de que en ninguna de las Epístolas, en donde tanto los privilegios como los deberes de los santos son definidos con especificad, figura tal precepto o promesa. Así, por un lado, debemos siempre tener cuidado de no tomar un versículo y reducir su alcance sin justificación alguna; y por el otro lado, estar constantemente en guardia de no hacer general algo que es expresamente particular. Es solamente a partir de la cuidadosa analogía general de la Fe[ii] que podremos ser preservados de cualquier error. La Escritura siempre interpreta a la Escritura, pero mucha familiaridad con su contenido, y una comparación diligente en oración de una parte con otra, son requeridas antes de que alguien pueda justificadamente, en decisión dogmática, dar la correcta interpretación (el significado preciso) o aplicación de cualquier pasaje.

El Dispensacionalismo

Su error

Pero existe una razón adicional que hoy se hace imperiosa, de porqué debemos escribir sobre nuestro presente objeto de estudio (tópico), y esto es, para exponer el error moderno y pernicioso del Dispensacionalismo[iii]. Este es una artimaña del enemigo diseñada para robarles a los hijos de Dios una porción no menor del pan que su Padre celestial les proveyó para que alimentasen sus almas; una artimaña en la que la astuta serpiente se presenta como ángel de luz (II Cor.11:14), fingiendo "hacer de la Biblia un libro nuevo", simplificando tanto de ella que deja perplejo al espiritualmente indocto. Es triste ver cuánto éxito ha tenido el diablo gracias a esta sutil innovación. Es probable que algunos de nuestros propios lectores, al examinar los artículos sobre la Interpretación de las Escrituras, hayan sentido que en más de una ocasión nos tomamos cierta libertad indebida para con las Sagradas Escrituras, que hacemos uso de algunos pasajes de una manera completamente injustificada, que apropiamos para los santos de esta era cristiana lo que no les pertenece, sino que más bien está dirigido a aquellos que vivieron en una dispensación[iv] del pasado totalmente distinta a esta, o para algunas que están por venir (futura).

Este método moderno de maltratar (usar mal) las Escrituras – pues ciertamente es nuevo (moderno), y era completamente desconocido por los cristianos de hace poco más de un siglo atrás, y es en estos últimos años que está siendo aceptado (implementado) por aquellos que no pertenecen al pequeño círculo donde se originó – se basa en 2 Timoteo 2:15, "Procura con diligencia presentarte a Dios aprobado, como obrero que no tiene de qué avergonzarse, *que usa* [divide, dispensa]ᵛ *bien la palabra de verdad*". Poco, o nada en absoluto, es lo que se dice de las primeras dos cláusulas de este texto, pero ellos basan sus argumentos en la tercera, la cual es explicada como, "que correctamente dispensa [secciona] las Escrituras a las distintas personas según corresponda." Estos mutiladores de la Palabra nos dicen que todo lo del Antiguo Testamento a partir de Génesis 12 en adelante pertenece enteramente a Israel según la carne, y que ninguno de esos preceptos (como tales) están vinculados a los que son miembros de la Iglesia, la cual es el Cuerpo de Cristo, y que ninguna de todas las promesas allí encontradas pueden apropiárseles (a la Iglesia) legítimamente. Y esto, nótese debidamente, *sin* una sola mención hecha de parte del Señor o de los Apóstoles a este respecto, en *desprecio* del uso que el Espíritu Santo hace de las Escrituras más antiguas en cada parte del Nuevo Testamento. Lejos de que el Espíritu Santo enseñe a los cristianos a prácticamente considerar al Antiguo Testamento de la manera en que considerarían a un almanaque obsoleto, declara, "Porque las cosas que se escribieron antes, *para nuestra enseñanza* se escribieron, a fin de que por la paciencia y la consolación de las Escrituras [del Antiguo Testamento], tengamos esperanza" (Romanos 15:4).

No contentos con sus determinados esfuerzos por privarnos del Antiguo Testamento, estos aspirantes a "sú-

per-expositores", dogmáticamente aseveran que los cuatro Evangelios son judaicos, y que las epístolas de Santiago y Pedro, Juan y Judas, fueron escritas para un "piadoso remanente judío" que tendrá lugar en un futuro "período de tribulación," y que nada, sino solo las epístolas
Paulinas, contienen la "verdad de la Iglesia"; y millares
de almas ingenuas han aceptado sus *ipse dixit*[vi]. Aquellos
que se niegan a hacer de esa manera son considerados ig-
norantes y superfluos - ¡sin embargo, Dios mismo no ha
proferido palabra alguna a tal efecto (o en ese sentido)!
Ciertamente no hay nada en absoluto en 2 Timoteo 2:15
para justificar tal método revolucionario de interpretación de la Palabra; ese versículo no tiene mayor relación
con separar las Escrituras en diferentes "dispensaciones"
de lo que tiene que ver con distinguir las variaciones entre las estrellas de magnitud variable. Si ese versículo
fuera cuidadosamente comparado con Mateo 7:6, Juan
16:12, y I Corintios 3:2, su significado quedaría [es] claro: quien ocupa el púlpito ha de ser diligente en estarse
equipado para darles a las distintas clases de oyentes "su
ración [la comida] a su tiempo" (Lucas 12:42). Que "dis-
pense bien la palabra de verdad", es para que él ministre
adecuadamente los diversos casos y circunstancias de su
congregación: para pecadores y santos, para el indiferen-
te y el que indaga, para los niños y los padres, para el ten-
tado y el afligido, para el que abandona (apóstata – o mejor dicho, rebelde-)[vii] y el caído.

La Unidad de las Escrituras

Si bien existe una gran variedad en la enseñanza de la Palabra, hay una inequívoca verdad que subyace en el todo. Aunque Él emplee muchos portavoces, las Sagradas Escrituras no tienen sino a un único Autor; y mientras que Él, "habiendo hablado muchas veces y de muchas maneras en otro tiempo a los padres por los profetas," y que, "en estos postreros días nos ha hablado por el Hijo" (Hebreos 1:1-2), aun así, el que habló a través de ellos era, y es, Uno, "en el cual no hay mudanza, ni sombra de variación" (Santiago 1:17), quien por todas las edades declaró: "Porque yo Jehová no cambio" (Malaquías 3:6). De principio a fin, hay una concordancia (congruencia) perfecta entre todas las partes de la Palabra: establece *un único sistema doctrinal* (nunca leemos "las doctrinas de Dios," sino siempre es "la doctrina [enseñanza]" (véase, Deuteronomio 32:2: Proverbios 4:2; Mateo 7:28; Juan 7:17, Romanos 16:17, y contrástese con Marcos 7:7; Colosenses 2:22; 1Timoteo 4:1; Hebreos 13:9) porque es un todo, único y orgánico. La Palabra, presenta uniformemente *un único* camino de salvación, y *una única* regla de fe. Desde Génesis a Apocalipsis hay una sola Ley Moral inmutable, un glorioso evangelio para los pecadores que perecen. Los creyentes del Antiguo Testamento fueron salvados con la misma salvación, se debían al mismo Redentor, fueron regenerados por el mismo Espíritu, y eran partícipes de la misma herencia celestial, tal como lo son los creyentes del Nuevo Testamento.

Si bien es cierto que la *Epístola a los Hebreos* hace mención de una esperanza mayor (7:19), un mejor pacto o testamento (7:22), mejores promesas (8:6), mejores sacrificios (9:23), y alguna cosa mejor para nosotros (11:40) – aun así es importante reconocer que el contraste que se hace es entre las *sombras* y la *sustancia*. Romanos 12:6 habla de "proporción[viii] [o "analogía"] de la fe." Hay una debida proporción, un balance perfecto, entre las distintas partes de la Verdad de Dios revelada la cual es necesario que sea conocida y observada por todos aquellos que han de predicar y escribir en conformidad con la mente del Espíritu. En defensa de esta analogía, es esencial reconocer que lo que se da a conocer en el Antiguo Testamento era una *tipificación*[ix] de (para) lo que se establece en el Nuevo, y, por lo tanto, los términos usados en el primero son estrictamente aplicables al segundo. Muchas discusiones innecesarias se han suscitado sobre si la nación de Israel era o no un pueblo regenerado. Eso está muy lejos de la verdadera cuestión: externamente eran considerados como el pueblo de Dios, y, como afirma el Espíritu por medio de Pablo, "que son israelitas, de los cuales son la adopción, la gloria, el pacto, la promulgación de la ley, el culto y las promesas; de quienes son los patriarcas, y de los cuales, según la carne, vino Cristo, el cual es Dios sobre todas las cosas, bendito por los siglos…" (Romanos 9:4-5).

La regeneración o la no-regeneración, afectaban a la salvación de los *individuos* entre ellos, pero no afectaba a la relación de alianza (pacto) del pueblo *como un todo*. Una y otra vez Dios se dirigía a Israel llamándoles "rebeldes[x]," pero ni siquiera una vez llamó de esa manera a cualquier nación pagana. No fue ni a los Egipcios ni a los Cananeos a quienes Jehová dijo: "Convertíos, *hijos* rebeldes, y sanaré vuestras rebeliones," o "Convertíos, hijos rebeldes, dice Jehová, porque *yo soy vuestro esposo*" (Jer.3:22, 14). Ahora, esta analogía o similitud entre los dos pactos y las gentes (pueblos) que están bajo ellos es la base para transferir los términos (estipulaciones) del Antiguo Testamento al Nuevo. Así, la palabra "circuncisión" es usada en este último no con un significado idéntico, sino acorde a la analogía, por cuanto la circuncisión es ahora "la del corazón, en espíritu" (Rom.2:29), y no la que es en la carne. Del mismo modo, cuando Juan cierra su primera Epístola diciendo "Hijitos, guardaos de los ídolos," se apropia de un término del Antiguo Testamento y lo aplica en el sentido del Nuevo Testamento, por cuanto a "ídolos", no se está refiriendo a las estatuas hechas de madera y piedra (como hacían los profetas cuando utilizaban este mismo término), sino a los objetos interiores de culto carnal y sensual. De igual manera, también tenemos que saber distinguir al "Israel" espiritual antitípico de Gálatas 6:16, y al "Monte de Sion" celestial y eterno en Hebreos 12:22.

> "Y a todos los que anden conforme a esta regla, paz y misericordia sea a ellos, y al Israel de Dios." (Gál.6:16).

> "Sino que os habéis acercado al monte de Sion, a la ciudad del Dios vivo, Jerusalén la celestial, a la compañía de muchos millares de ángeles" (Heb.12:22).

La Biblia consiste de muchas partes, finamente (exquisitamente) correlacionadas y vitalmente interdependientes unas de otras. Dios controló de tal manera a cada uno de los agentes que empleó en la redacción de la misma, y coordinó de tal modo sus esfuerzos, como para producir un único (solo) Libro viviente. Dentro de tal unidad orgánica, indudablemente existe una gran variedad, más no contrariedad[xi]. El cuerpo del hombre no es sino uno, aunque esté compuesto por muchos miembros, distintos en tamaño, características, y funciones. El arcoíris no es sino uno, y entretanto refleja de manera distinta sus siete rayos prismáticos,[xii]estos están armoniosamente mixturados unos con otros – así sucede con la Biblia: su unidad aparece en perfecta consistencia a través de todas sus enseñanzas. La unicidad en la tri-unidad de Dios, la deidad y la humanidad de Cristo unidas en una misma Persona, el pacto eterno que asegura la salvación de todos los escogidos por gracia, el camino de la santidad, y el único camino que conduce al cielo – están plenamente revelados tanto en el Antiguo como en el Nuevo Testamento. La enseñanza de los profetas concerniente al carácter glorioso de Dios, las inmutables exigencias de Su justicia, la total depravación de la naturaleza humana, y el camino señalado para la restauración de tal estado – es idéntica a la enseñanza Apostólica.

¿Por qué dos Testamentos?

Si se suscitara esta cuestión, "dado que las Sagradas Escrituras son una estricta unidad, ¿por qué entonces

Dios la ha dividido en dos Testamentos?", tal vez el asunto se simplificaría si nos preguntásemos porqué Dios designó dos cuerpos principales para iluminar la Tierra – el sol y la luna. ¿Por qué entonces el esqueleto humano es de doble estructura, teniendo dos brazos y dos piernas, dos pulmones y dos riñones, etc.? ¿No es semejante la respuesta en este caso: para aumentarse y complementarse mutuamente? Pero, de manera más directa, cuatro razones pueden ser sugeridas. *Primeramente*, para establecer de manera más distintiva los dos pactos, los cuales son las bases del trato de Dios para con toda la humanidad: el pacto de obras y el pacto de gracia – simbolizados por el "antiguo" del Sinaí, y el "nuevo" del Cristianismo. *Segundo*, para mostrar más claramente a aquellos dos grupos separados que están unidos en un mismo Cuerpo, el cual constituye a la Iglesia, de la cual Cristo mismo es la Cabeza, a saber, los judíos y los gentiles redimidos. *Tercero*, para demostrar más claramente la maravillosa providencia de Dios: utilizando a los judíos durante muchos siglos para que custodiasen el Antiguo Testamento, el cual los condena por rechazar a Cristo; y en emplear a los papistas[xiii] durante todas las edades oscuras para preservar al Nuevo Testamento, el cual denuncia sus prácticas idólatras. *Cuarto*, para que uno confirme al otro: tipo por antitipo, profecía por cumplimento.

"La relación mutua entre los dos Testamentos. Estas dos divisiones principales se asemejan a la estructura dual del cuerpo humano, donde las dos orejas y ojos, manos y pies, se corresponden y complementan el uno al otro. No es apenas una adecuación general, sino una especial y mutua. Por eso, requieren ser estudiadas juntas, lado a lado, para ser comparadas incluso en los más mínimos detalles, porque en nada son independientes la una de la otra; y cuanto más precisa es la inspección, más minuciosa se hace su adaptación, y más íntima su asociación... los dos Testamentos son como los dos querubines del propiciatorio, enfrentados en direcciones opuestas, más aún, rostro a rostro el uno con el otro y eclipsando con gloria el propiciatorio; u, otra vez, son como el cuerpo humano unido conjuntamente por juntas y tendones y ligamentos, con un cerebro y un corazón, un par de pulmones, un sistema respiratorio, circulatorio, digestivo, nervios motores y sensitivos, donde la división es destrucción" (A.T. Pierson, en *Conociendo las Escrituras*).[xiv]

Capítulo 2
Toda la Escritura es para Nosotros

Privando a la Iglesia del uso de algunos pasajes

Algunos dispensacionalistas no van tan lejos como otros en el hecho de añadir cuadros de texto sobre bastas secciones de la Escritura, advirtiendo a los cristianos de que no se apropien de ciertas partes (del terreno) que les corresponde a otros, mas aún, existe un común acuerdo entre ellos de que el Evangelio de Mateo – el cual aparece al principio del Nuevo Testamento y no al final del Antiguo – pertenece, no a aquellos que son miembros del cuerpo místico de Cristo, sino que es "enteramente judío" (para los judíos), que el Sermón del Monte es "legalista" y no evangelístico, y que su propósito y sus preceptos debilitadores de la carne no atañen (no son obligatorios) a los cristianos. Algunos van tan lejos como para insistir en que la Gran Comisión, con la cual cierra el libro (Mateo 28:19), no es para nosotros hoy día, sino que fue dada para un "piadoso remanente judío" luego de que esta era presente haya concluido. En apoyo de esta salvaje y perversa teoría, se apela a poner un gran énfasis sobre el hecho de que Cristo es representado, más prominentemente, como "hijo de David" o Rey de los judíos; mas ellos ignoran otro hecho conspicuo, a saber, que en su versículo de apertura el Señor Jesús es fijado como "el hijo de Abraham," y *éste,* era un *Gentil.* Lo que es aún más en contra de esta insustentable hipótesis, que el Espíritu Santo la refutó de manera intencionada y anticipada, es el hecho de que Mateo es el único de entre los cuatro Evangelios en donde la Iglesia es mencionada dos veces (16:18; 18:17) – aunque en el Evangelio de Juan sus miembros son representados como los pámpanos de la Vid, miembros del rebaño de Cristo, lo cual es figura de los santos que no tienen limitación dispensacional alguna.

Igualmente notable es el hecho de que la misma Epístola que contiene el versículo en el cual este sistema moderno se basa (2 Tim 2:15), enfáticamente declara:

"Toda la Escritura es inspirada por Dios, y útil para enseñar, para redargüir, para corregir, para instruir en justicia, a fin de que el hombre de Dios sea perfecto, enteramente preparado para toda buena obra." (2 Tim 3:16-17).

Tan lejos de asignar largas porciones de las Escrituras a otras gentes (pueblo), y de excluirlas de nuestro uso inmediato[xv], *toda* la Escritura fue hecha, y es necesaria para nosotros. *Primero*, todo de ella es "útil para enseñar (adoctrinar)[xvi]", lo cual no podría ser el caso si fuera verdad (como los Dispensacionalistas dogmáticamente insisten) eso de que Dios posee métodos completamente diferentes para tratar con el hombre en períodos pasados y futuros respecto del tiempo presente. *Segundo*, toda la Escritura está dada para "instruir en justicia," o para andar en rectitud, pero estamos completamente perdidos para saber cómo dirigir (regular) nuestra conducta si los preceptos de una parte de la Biblia son ahora obsoletos

(como los enseñadores del error aseveran) y son despla-
zados por instrucciones de carácter contrario, y si ciertos
estatutos solo fueron hechos para otros que habrán de
ocupar este escenario luego de que la Iglesia haya sido
removida de la tierra. *Tercero*, toda la Escritura es dada
para que el hombre de Dios "sea perfecto, enteramente
preparado para toda buena obra" – cada porción (parte)
de la Palabra es requerida en orden de equiparle con todas las instrucciones necesarias para producir una vida de
santidad (piedad) completa.

Las Escrituras: ¿*Para* nosotros pero no *a* nosotros?

Cuando el Dispensacionalismo es fuertemente presionado con esas objeciones, se esfuerza por escabullirse
del dilema diciendo que, aunque toda la Escritura sea *para* nosotros, gran parte de ella no está dirigida *a* nosotros.
Pero en realidad, esta es una distinción sin diferencia alguna. En su exposición de Hebreos 3:7-11, Owen,[xvii]co-
rrectamente señala que, cuando cita del Antiguo Testamento, el Apóstol comienza con "como dice el Espíritu
Santo" (no, "dijo"), y enfatiza:

> "Todo lo que fue dado por la inspiración del
> Espíritu Santo y está registrado en las Escri-
> turas para el uso de la Iglesia, Él lo diseñó a
> fin de hablarnos a nosotros en estos días. Tal
> como Él vive para siempre, continúa hablan-
> do por siempre; esto es, mientras Su voz o
> Palabra sea útil para la Iglesia, *Él nos habla*

ahora… Muchos hombres han ideado varias formas de menoscabar la autoridad de las Escrituras, y pocos están dispuestos a reconocer un discurso *inmediato* de Dios para sí en ellas."

A este mismo efecto escribió aquel buen comentarista, Thomas Scott[xviii], "Debido a las inmensas ventajas de la perseverancia, y a las tremendas consecuencias de la apostasía, debemos considerar (entender) las palabras del Espíritu Santo como dirigidas a nosotros."

La afirmación de que "aunque toda la Escritura sea *para* nosotros, no toda ella está destinada *a* nosotros", no es tan solamente insensata, sino también *impertinente* e insolente, por cuanto no hay absolutamente nada en la Palabra de Verdad como para respaldar y corroborar tal cosa. En ninguna parte el Espíritu ha dado la más mínima advertencia de que tal o cual pasaje "no es para los cristianos," ni mucho menos de que libros enteros pertenezcan a algún otro. Además, tal principio es manifiestamente *deshonesto*. ¿Qué derecho tengo yo de hacer uso *alguno* de aquello que es propiedad de otro? ¿Qué pensaría mi vecino si yo tomara las cartas que estaban destinadas *a* él y le discuto de que fueron escritas *para* mí? Aún más, se encuentra que tal teoría, cuando es puesta a prueba, resulta ser *inútil*. Por ejemplo, ¿a quién está dirigido el *libro de Proverbios*, o en tal caso, la *Primera Epístola de Juan*? Personalmente, quien escribe, tras haber perdido mucho tiempo en escudriñar veintenas de libros que pretendían "dividir correctamente la Palabra", sigue considerando a toda la Escritura como una revelación de gracia hecha a él y para él, como si no hubiese ninguna otra persona sobre la tierra, consciente de que no puede permitirse dispensar porción alguna de ella – y él lo siente mucho por aquellos que carecen de esa fe. Concerniente a esto es esta advertencia, "Pero temo que, así como la serpiente con su astucia engañó a Eva, vuestras mentes sean desviadas [corrompidas] de la *sencillez* y pureza de la devoción a Cristo."[xix] (II Corintios 11:3).

¿Muchos pasajes del Antiguo Testamento no se aplican?

¿Pero no son muchos los pasajes en el Antiguo Testamento que no tienen relación directa con la Iglesia hoy día? ¡Ciertamente no! En vista de I Corintios 10:11 – "estas cosas les acontecieron como ejemplo [tipos], y están escritas para amonestarnos a nosotros" –, Owen, observa de modo sentencioso: "Los ejemplos del Antiguo Testamento son las instrucciones del Nuevo." Mediante sus historias se nos enseña que debemos evitar y que debemos imitar. Esta es la razón principal por la cual fueron escritas; para que aquello que estorbaba o animaba a los santos del A.T, fuese grabado para nuestro beneficio.

Pero, más específicamente, ¿no están los cristianos desautorizados para atribuirse (aplicarse) para sí muchas promesas dadas a Israel según la carne durante la dispensación (economía) Mosaica, y de esperar el cumplimiento de ellas en ellos mismos? Absolutamente no, porque si *así* fuera, entonces no sería verdad que "las cosas que se escribieron antes, para nuestra enseñanza se escribieron, a fin de que por la paciencia y la *consolación* de las Escrituras, tengamos *esperanza*" (Romanos 15:4). ¿Qué "consolación" puedo obtener de aquellas secciones de la Palabra de Dios que, según esta gente dice, "no me pertenecen"? ¿Qué "esperanza" (i.e., una bien fundada seguridad de algún bien futuro) posible podría ser hoy inspirada en los cristianos por algo que no pertenece sino solo a los Judíos? Cristo vino aquí, lector mío, no a cancelar, sino "para *confirmar* las promesas hechas a los padres y para que los *gentiles* glorifiquen a Dios por su misericordia" (Romanos 15:8-9).

Aplicaciones Neo-testamentarias de pasajes del Antiguo Testamento

Debe ser también tenido en mente que, en consonancia con el carácter del pacto bajo el cual fueron establecidos, muchos de los preceptos y de las promesas dadas a los patriarcas y a sus descendencias, poseen una importancia y un valor *espiritual y típico* (de "tipos"), como así también uno carnal[xx] y literal. Como un ejemplo del primero, tomemos Deuteronomio 25:4, "No pondrás bozal al buey cuando trillare," y, entonces, observa la aplicación hecha de esas mismas palabras en I Corintios 9-10: "Porque en la ley de Moisés está escrito: No pondrás bozal al buey que trilla. ¿Tiene Dios cuidado de los bueyes, o lo dice enteramente por *nosotros*? Pues por nosotros se escribió; porque con esperanza debe arar el que ara, y el que trilla, con esperanza de recibir del fruto." La palabra "enteramente" es probablemente demasiado fuerte aquí, por cuanto -*pántos*[xxi]- es traducida como "ciertamente" en Hechos 28:4, y "sin duda" en Lucas 4:23, y en el texto significa "ciertamente [seguramente]" (revisión Americana) o "*principalmente* para nosotros."

Deuteronomio 25:4 fue diseñado para enfatizar el principio de que el trabajo debería tener su galardón, de modo que los hombres puedan trabajar con ánimo. El precepto determina igualdad y semejanza: si es así con las bestias, mucho más entonces para con los hombres, y especialmente para los ministros del evangelio. Es una ilustración contundente de la libertad con la que el Espíritu de gracia aplica las Escrituras del Antiguo Testamento, como parte constituyente de la Palabra de Cristo, a los cristianos y sus preocupaciones.

Lo que es verdad (lo que puede decirse) de los preceptos del A.T (generalmente hablando, por cuanto existen excepciones para cada regla), se mantiene igualmente con sus promesas – los creyentes de hoy poseen plena garantía en mixturar la fe con ellas, esperando recibir la sustancia de la mismas. Primero, porque aquellas promesas fueron hechas a los santos como tales, y lo que Dios le da a uno se los da a todos (II Pedro 1:4) – Cristo adquirió esas mismas bendiciones para cada uno de Sus redimidos. Segundo, porque la mayoría de las promesas del A.T eran típicas (tipificaciones) en su esencia; las bendiciones terrenas prefiguraban a las celestiales. Esto no es una aserción arbitraria de nuestra parte, porque cualquiera que haya sido enseñado por Dios sabe que todas las cosas durante las economías antiguas tenían un sentido figurativo, siendo sombra de las cosas superiores que estaban por venir. Muchas pruebas de esto serán dadas por nosotros un poco más adelante. Tercero, no se debe excluir un cumplimiento literal de aquellas promesas en [a] nosotros, porque mientras permanezcamos en esta tierra, y en el cuerpo, nuestras necesidades temporales son las mismas que las de ellos, y si reunimos las condiciones asociadas a esas promesas (ya sean explicitas o implícitas), entonces, podemos contar con el cumplimiento de ellas – conforme a nuestra fe y obediencia, así será con nosotros.

Ley vs Gracia

[Otros podrían objetar:] Pero seguramente hay que trazar una larga y definida línea entre la Ley y el evangelio. Es en este punto en donde los dispensacionalistas consideran que su postura es la más fuerte e inexpugnable; sin embargo, en ningún otro punto se exhibe tan grandemente su ignorancia, porque así como no reconocen la Gracia de Dios abundando durante la era Mosaica, tampoco les parece (o, pueden ver) que la Ley tenga ningún lugar legítimo en nuestra cristiandad. Ley y gracia son elementos antagónicos para ellos, y (para citar a uno de sus slogans preferidos) "no será más mezcla que la del agua y el aceite." No pocos de los que ahora son considerados como los campeones de la ortodoxia les dicen a sus oyentes que los principios de la ley y la gracia son elementos tan opuestos que en donde sea que uno se esté ejerciendo, el otro debe ser necesariamente excluido. Pero esto es un error muy serio. ¿Cómo podrían la Ley *de Dios* y el Evangelio de la gracia *de Dios* estar en conflicto? El uno lo exhibe como "luz," y el otro lo manifiesta como "amor" (1 Juan 1:5; 4:8), y ambos son necesarios, a fin de revelar enteramente Sus perfecciones: si uno fuese omitido, apenas un concepto parcial de su carácter podría concebirse. El uno da conocimiento de Su Justicia, y el otro muestra Su Misericordia – y Su sabiduría demuestra la perfecta coherencia que existe entre ambos.

La Ley y la gracia en vez de ser contradictorias, son complementarias. Ambas aparecen en el Edén *antes de la Caída*. ¿Qué fue sino la gracia lo que hizo la concesión a nuestros primeros padres diciendo: "De todo árbol del huerto podrás comer"? Y fue la Ley quien dijo: "más del árbol de la ciencia del bien y del mal no comerás…" Ambas son vistas *en el tiempo del gran diluvio*, por cuanto se nos dice que, "…Noé halló gracia ante los ojos de Jehová" (Gén 6:8), tal como sus posteriores tratos con él lo ponen de manifiesto; mientras que su Justicia trajo un diluvio sobre el mundo de los impíos. Ambas operaron lado a lado en el *Sinaí*, por cuanto la majestad y la justicia de Jehová fueron expresadas en el Decálogo[xxii], Su misericordia y gracia fueron claramente evidenciadas por las provisiones que Él hizo en todo el sistema Levítico (el cual es el sacerdocio y los sacrificios) para expiación de sus pecados. Ambos resplandecieron en su gloria meridiana[xxiii] en el Calvario, pues, mientras por un lado la abundante gracia de Dios se manifestó en dar a su propio

Hijo amado para que fuese el Salvador de los pecadores, Su Justicia exigía que la maldición de la Ley fuese infligida sobre Él mientras cargaba sus culpas.

En todas las obras y los caminos de Dios podemos discernir un encuentro conjunto de elementos *aparentemente* en conflicto – las fuerzas centrífugas y centrípetas[xxiv], que están constantemente en acción en la esfera material, ilustran este principio. Así también, está en conexión con las operaciones de la providencia divina: hay una constante interpretación de lo natural y lo sobrenatural. Así también sucede con la entrega de las Sagradas Escrituras: es el producto tanto de la acción de Dios como de la del hombre – son una revelación divina, mas aún, enseñadas en lengua humana y comunicada a través de los medios humanos; son la verdad inerrante, mas aún, escritas por hombres falibles. Están divinamente inspiradas, en cada jota y en cada tilde[xxv], sin embrago, el control de supervisión del Espíritu Santo sobre los escribas, no excluía ni interfería en el ejercicio natural de sus facultades. Así resulta ser en todos los tratos de Dios para con la humanidad: aunque Él ejerce Su excelsa Soberanía, no obstante, trata con ellos como criaturas responsables, exponiendo Su invisible poder sobre ellos y dentro de ellos, mas sin destruir en modo alguno Su agencia moral. Esto puede presentar misterios profundos e insolubles para la mente finita, pero aun así, son hechos reales.

En lo que se acaba señalando – a lo que podrían añadirse muchos otros ejemplos (la persona de Cristo, por ejemplo, con Sus dos naturalezas distintas pero unidas, así que aun siendo omnisciente, no obstante, "crecía en sabiduría"; era omnipotente, no obstante, se cansaba y adormecía; era eterno, no obstante, murió) - ¿por qué tantos tropiezan con el fenómeno de la Ley divina y la gracia divina trabajando mancomunadamente, operando en una misma temporada? ¿Presentan acaso la Ley y la gracia un mayor contraste que aquel existente entre el profundo amor de Dios por Sus hijos y Su eterna ira sobre Sus enemigos? No, absolutamente que no, no es mayor. La Gracia no debe ser considerada como un atributo de Dios que eclipsa a todas Sus demás perfecciones. Como tan claramente nos lo dice Romanos 5:21, "para que así como el pecado reinó para muerte, así también la gracia reine *por* [a través de] la justicia...," y no a expensas o por la exclusión de ella. Gracia divina y justicia divina, amor divino y santidad divina, son tan inseparables como la luz y el calor lo son del sol. Al otorgar gracia, Dios nunca anula sus reclamos sobre nosotros, sino que, más bien, nos permite cumplirlos (entiéndase, en Cristo). ¿Fue el hijo pródigo, luego de su regreso penitente y después de ser perdonado, menos obligado a cumplir las leyes de la casa de su Padre que antes de que se fuera y la abandonara (Lucas 15)? Absolutamente no, sino, hasta lo contrario.

Que no existe conflicto alguno entre la Ley y el evangelio de la Gracia de Dios está claramente explicado en Romanos 3:31, "¿Luego por la fe invalidamos la ley? En ninguna manera, sino que confirmamos la ley." Aquí, el Apóstol se anticipa a una objeción que probablemente sería lanzada contra lo que dijo en los versos 26-30. ¿Pero la enseñanza de que la justificación es enteramente (solamente) por gracia a través de la fe, no da a entender que Dios ha rebajado Sus reclamos, cambiado el nivel de sus requisitos y puesto a un lado las demandas de Su gobierno? – nada más lejos de eso. El plan divino de la redención no es en ninguna manera una abolición de la Ley, sino más bien su honra y su cumplimiento. No hay respeto más grande que pueda mostrársele a la Ley que la determinación de Dios en salvar a Su pueblo de su maldición mediante el envío de Su Hijo co-igual para llenar todas sus exigencias y sufrir en Sí mismo su castigo (su penalidad). ¡Oh, maravilla de maravillas; el gran Legislador se humilló a sí mismo en completa obediencia a los preceptos del Decálogo! El Único dador de la Ley se hizo carne, sangró y murió bajo su sentencia condenatoria, antes de que una tilde de la misma pereciera. De ese modo, la Ley fue sin dudas magnificada, y "hecha honorable", por siempre.

El método de la Salvación de Dios por gracia, ha "establecido la ley" de una manera triple. *Primeramente*, por Cristo, Fiador de los elegidos de Dios, siendo "nacido bajo la ley" (Gál 4:4), cumpliendo (llenando) sus preceptos (Mat 5:17), sufriendo su castigo en lugar de los Suyos, para, de ese modo, traer "la justicia perdurable" (Dan 9:24). Segundo, mediante el Espíritu Santo, porque en la regeneración escribe la ley en sus corazones (Heb 8:10), dirigiendo sus afectos hacia los mismos, de manera tal que, "...según el hombre interior, se deleiten en la ley de

Dios" (Rom 7:22). Tercero, como fruto de su nueva naturaleza, el Cristiano voluntariamente, y con gozo, hace de la Ley su regla de vida, tanto así que declara, "con la mente *sirvo* a la ley de Dios" (Rom 7:25). Esta es la Ley "establecida," no solo en la alta corte del cielo, sino también, en las almas de los redimidos. Muy lejos de que la Ley y la gracia sean enemigas, son consiervas de forma mutua; la primera revela la necesidad del pecador, la segunda, la suple; la una da a conocer las demandas de Dios, la otra, nos permite cumplirlas. La fe, no es opuesta a las buenas obras, pero la perfeccionan en obediencia a Dios por amor y gratitud.

Capítulo 3
La Unidad de las Escrituras

Trazando mal la Palabra de Verdad

Antes de virar al lado positivo de nuestro presente estudio, fue necesario para nosotros exponer y denunciar esa enseñanza que insiste en que hay muchas cosas en la Biblia que no tienen una aplicación inmediata a nosotros hoy en día. Tal enseñanza es un manejo imprudente e irreverente de la Palabra, que ha producido de las más malignas consecuencias en los corazones y vidas de muchos – entre las que, de manera no menor, se halla la promoción de un espíritu farisaico de auto-superioridad. Consciente o inconscientemente, los dispensacionalistas están, en realidad, repitiendo el pecado de Joacim, quien mutiló la Palabra de Dios con su cortapluma (Jer 36:23). En vez de "abrir las Escrituras," están inclinados a cerrar la mayor parte de ellas, privándosela al pueblo de Dios en estos tiempos. Están tan comprometidos en llevar adelante la obra del diablo, como lo están los Altos Críticos, quienes, con sus cuchillos de disección, están *erróneamente* "dividiendo la palabra de verdad" (II Ti 2:15). Están procurando forzar una piedra por las gargantas de aquellos que piden por pan. Éstas son sin duda acusaciones realmente solemnes y severas, pero no más de lo que el caso exige. Estamos bien conscientes de que las mismas serán inaceptables para algunos de nuestros lectores; pero la medicina, aunque a veces necesaria, raramente es sabrosa.

En vez de estar comprometidos en la impía obra de poner una parte de las Escrituras contra la otra, estos hombres estarían mucho mejor empleados mostrando la perfecta *unidad* de la Biblia y la bendita armonía que existe entre todas sus enseñanzas. Pero en lugar de demostrar la concordancia entre ambos Testamentos, están más preocupados en sus esfuerzos para demostrar la discordancia que dicen haber entre aquello que pertenece a la "Dispensación de la Ley" y aquello que esta abarcado bajo la "Dispensación de la Gracia" – y, en orden de cumplir sus perversos designios, todos los principios sanos de exégesis[xxvi] son arrojados al viento. Como muestra de lo que hemos estado aludiendo, por ejemplo, ellos citan: "ojo por ojo, diente por diente, mano por mano, pie por pie" (Éxodo 21:24), y, entonces, en contra de ello citan, "Pero yo os digo: No resistáis al que es malo; antes, a cualquiera que te hiera en la mejilla derecha, vuélvele también la otra" (Mateo 5:39). Luego es exultantemente aseverado que esos dos pasajes solo pueden "reconciliarse" si se los asignamos a diferentes pueblos en edades distintas. Con tal superfluo manejo de las Sagradas Escrituras, miles de almas crédulas (ingenuas) son engañadas, y otras miles más se dejan a sí mismas desconcertadas.

Si aquellos que poseen una *Biblia Scofield*[xxvii] fueran a Éxodo 21:24, verían que en el margen opuesto el editor remite a sus lectores a Levítico 24:20; Deuteronomio 19:21, y cf. Mateo 5:28-44; y I Pedro 2:19-21; sobre los cuales aparece este breve comentario: "La disposición en Éxodo es la *ley* y el justo; los pasajes del Nuevo Testamento, la *gracia* y el misericordioso." Cuán lejos estaba el Sr. Scofield de ser consistente consigo mismo, puede apreciarse por una referencia que él mismo hizo en la página 989[xxviii], en el comienzo del Nuevo Testamento sobre los Cuatro Evangelios, donde expresamente afirma, "El sermón del monte es Ley, *no gracia*" [itálicas agregadas]: verdaderamente "las piernas del cojo no son iguales." En su nota marginal de Éxodo 21:24, Scofield cita a Mateo 5:38-48, como "gracia," mientras que en su introducción a los Cuatro Evangelios declara que Mateo 5-7 "es ley, y no gracia." ¿Cuál de esas dos aserciones deseaba que sus lectores creyeran?

La Interpretación Correcta

Aun así podría surgir la pregunta, "¿Cómo vas a reconciliar Éxodo 21:24 con Mateo 5:38-44?" Nuestra respuesta es, no hay nada que "reconciliar" entre ellos, pues no hay cosa alguna que los entrechoque. El primer pasaje es uno de los estatutos designados para que los *magistrados públicos* lo hagan cumplir, mientras que el último, establece reglas para que *individuos en particular* vivan por ellas. ¿Por qué aquellos que se titulan a sí mismos como los que "dividen correctamente" las Escrituras y las distribuyen adecuadamente, no distinguen entre las diferentes clases a las que está dirigida? Qué Éxodo 21:24 contiene estatutos (principios) para que los magistrados públicos los hagan cumplir, queda claramente establecido por medio de comparar las Escrituras consigo mismas. En Deuteronomio 19:21, la misma medida está nuevamente registrada, y si el lector se vuelve al verso 18, entonces leerá, "Y los jueces inquirirán bien...," etc. ¡Sería de real beneficio para la comunidad si nuestros jueces, hoy día, hicieran a un lado su enfermizo sentimentalismo y lidiaran con los criminales brutales y sin conciencia de una manera acorde a sus actos de violencia – en lugar de mofarse de la justicia!

Antes de abandonar aquello que nos ha ocupado nuestros tres últimos párrafos, nótese que cuando nuestro bendito Señor añadía a Mateo 5:38, "Pero yo os digo: Amad a vuestros enemigos, bendecid a los que os maldicen, haced bien a los que os aborrecen, y orad por los que os ultrajan y os persiguen" (v.44), Él no estaba promoviendo un precepto más benigno de lo que jamás antes había sido anunciado. No, el mismo agraciado principio de conducta había sido impuesto en el Antiguo Testamento. En Éxodo 23:4-5, Jehová da un mandamiento por medio de Moisés:

> "Si encontrares el buey de tu enemigo o su asno extraviado, vuelve a llevárselo. Si vieres el asno del que te aborrece caído debajo de su carga, ¿le dejarás sin ayuda? Antes bien le ayudarás a levantarlo."

Nuevamente, en Proverbios 25:21, leemos:

> "Si el que te aborrece tuviere hambre, dale de comer pan, y si tuviere sed, dale de beber agua."

El mismo Dios que nos ordena,

> "No paguéis a nadie mal por mal; procurad

lo bueno delante de todos los hombres. Si es posible, en cuanto dependa de vosotros, estad en paz con todos los hombres. No os venguéis vosotros mismos, amados míos, sino dejad lugar a la ira de Dios; porque escrito está: Mía es la venganza, yo pagaré, dice el Señor." (Romanos 12:17-19),

También ordena a Su Pueblo en el *Antiguo* Testamento, "No te vengarás, ni guardarás rencor a los hijos de tu pueblo, sino amarás a tu prójimo como a ti mismo. Yo Jehová" (Levítico 19:18); y, por eso, David estaba agradecido a Abigaíl de disuadirlo de tomar venganza de Nabal: "Y bendito sea tu razonamiento, y bendita tú, que me has estorbado hoy de ir a derramar sangre, y a vengarme por mi propia mano" (I Samuel 25:33). Tan lejano estaba el A.T de permitir cualquier espíritu de amargura, malicia, o venganza, que expresamente declara: "No digas: Yo me vengaré; espera a Jehová, y él te salvará" (Prov 20:22).Y otra vez: "Cuando cayere tu enemigo, no te regocijes, y cuando tropezare, no se alegre tu corazón" (24:17). Y otra vez, "No digas: Como me hizo, así le haré; daré el pago al hombre según su obra" (24:29).

Una muestra más de la inexcusable ignorancia evidenciada por estos dispensacionalistas:

"Para aquellos que viven bajo la Ley podría rectamente y ciertamente decirse: `Y tendremos justicia cuando cuidemos de poner por obra todos estos mandamientos delante de Jehová nuestro Dios, como él nos ha mandado.´ (Deut 6:25). Pero para aquellos que viven bajo esta presente Dispensación de Gracia es que en verdad se dice `ya que por las obras de la ley ningún ser humano será justificado delante de él...´ (Rom 3:20). Por cuanto esto es lo más opuesto a Deuteronomio 6:25. ¿Qué pues diremos o haremos? ¿Cuál de estos dos testamentos es verdadero y cual falso? La respuesta es que ninguno es falso. Sino que ambos son ciertos si dividimos correctamente la Palabra de Verdad conforme a esta enseñanza y verdad dispensacional... Dos palabras distinguen a estas dos dispensaciones: `Hacer ´ distingue a la primera; `Hecho´ a la última. La salvación dependía de lo que el hombre tenía *que hacer*, ahora depende de lo que Cristo ha hecho."[xxix]

Es por declaraciones como estas que las "almas inestables" resultan engañadas (fascinadas).

¿No es de asombrar que alguien tan reconocido por su erudición y conocimiento de las Escrituras haya hecho tales afirmaciones manifiestamente absurdas como las de arriba? Al poner a Deuteronomio 6:25 contra de Romanos 3:20, él muy bien podría haber argumentado que el fuego es "lo propiamente opuesto" del agua. Indudablemente son elementos contrarios, sin embargo cada uno tiene su propia aplicación en el lugar propicio: el uno para cocinar (cocer), el otro para refrescar. Piensa en alguien que se tenga erigido por maestro de los predicadores, afirmando que bajo la economía Mosaica "la salvación dependía de lo que el hombre tenía que hacer." ¿Por qué, en tal caso, durante mil quinientos años ni un solo Israelita había sido salvado? ¡Si la salvación hubiera podido obtenerse por méritos (esfuerzos) humanos, no hubiera habido necesidad alguna de que Dios enviara a Su Hijo aquí! La salvación nunca ha sido alcanzable (plausible) por méritos humanos, en base de la actuación humana. Abel alcanzó testimonió de que era justo porque ofreció a Dios un cordero inmolado (Gen 4:4, Heb 11:4). Abraham fue justificado por la fe y no por las obras (Rom 4). Durante la economía Mosaica fue expresamente anunciado que "es la sangre la que hace expiación por la persona [alma]" (Lev 17:11). David entendió, "Jehová, si mirares a los pecados, ¿Quién, oh Señor, podrá mantenerse?" (Sal 130:3); y por eso es que confesó "… Haré memoria de tu justicia, *de la tuya sola*" (Sal 71:16).

Que por todos los medios la Palabra de Verdad sea "correctamente dividida"; no por repartirla en diferentes "dispensaciones," sino mediante el distinguir que es doctrinal y que es práctico, entre aquello que respecta a los no salvos, y lo que está escrito para los salvos. Deuteronomio 6:25 no está dirigido a pecadores extranjeros, sino para quienes están en relación de pacto con el Señor; mientras que Romanos 3:20 es una declaración que aplica para cada ser de la raza humana. El uno, tiene que ver con la "justicia" *práctica* en el diario caminar, que es aceptable a Dios; la otra, es una declaración doctrinal que asevera la imposibilidad de ser acepto ante Dios con las obras de la criatura como fundamento. La primera se relaciona con nuestra conducta en esta vida en conexión con el gobierno divino; la última respecta a nuestra posición eterna delante del trono divino. *Ambos* pasajes son igualmente aplicables tanto a judíos como a gentiles en todas las edades. "Nuestra justicia" en Deuteronomio 6:25 es una justicia práctica en la vista de Dios. Es el mismo aspecto de justicia que se usa en "si vuestra justicia no fuere mayor que la de los escribas y fariseos..." en Mateo 5:20, "el justo" de Santiago 5:16, y "el que hace justicia" de 1 Juan 2:29.

Mismo Pacto, Mismo Evangelio, Misma Gracia.

Los santos del Antiguo Testamento fueron el objeto del mismo pacto eterno, tuvieron el mismo bendito Evangelio y fueron engendrados para la misma herencia espiritual que los santos del Nuevo Testamento. Desde Abel en adelante, Dios ha tratado con los pecadores en gracia soberana y acorde a los méritos de la obra redentora de Cristo, la cual fue retroactiva en su valor y eficacia (Rom 3:25; 1 Pe 1:19-20). "Pero Noé halló *gracia* ante los ojos de Jehová" (Gén 6:8). Que fueron participes de las mismas bendiciones del pacto al igual que nosotros queda claro de comparar II Samuel 23:5 y Hebreos 13:20.

> "No es así mi casa para con Dios; Sin embargo, él ha hecho conmigo *pacto perpetuo* [eterno], ordenado en todas las cosas, y será

guardado, Aunque todavía no haga él florecer toda mi salvación y mi deseo." (II Sa 23:5).

"Y el Dios de paz que resucitó de los muertos a nuestro Señor Jesucristo, el gran pastor de las ovejas, por la sangre del *pacto eterno*" (Heb 13:20)

El mismo Evangelio fue predicado a Abraham (Gal 3:8), sí, a la nación de Israel después de haber recibido la Ley (Heb 4:2), por lo tanto, Abraham se regocijó en que habría de ver el día de Cristo (Juan 8:56). Jacob al morir declaró, "*Tu* salvación esperé, oh Jehová" (Gén 49:18). Como declara Hebreos 11:16, los patriarcas "anhelaban una patria mejor [que la tierra de Canaán en la que habitaban], esto es, celestial..." "Por la fe Moisés, hecho ya grande, rehusó llamarse hijo de la hija de Faraón... teniendo por mayores riquezas el vituperio de Cristo que los tesoros de los egipcios..." (Heb 11:24-26). Job declaró "Yo sé que mi Redentor vive... en mi carne he de ver a Dios" (19:25-26).

Cuando Jehová proclamó Su nombre a Moisés, Se reveló a Sí mismo como "El Señor, el Señor, Dios *compasivo y clemente*"ˣˣˣ (Éxodo 34:5-7). Cuando Aarón pronunció la bendición a la congregación, se le ordenó decir, "Jehová te bendiga, y te guarde; Jehová haga resplandecer su rostro sobre ti, y tenga de ti misericordia; Jehová alce sobre ti su rostro, y ponga en ti paz" (Num 6:24-26). Ninguna bendición más notable y más grandiosa puede ser invocada hoy. Tal pasaje no puede ser armonizado con el restringido concepto de la economía Mosaica que es acogido y está siendo propagado por los Dispensacionalistas. Dios trató *en gracia* con Israel por toda su larga y variada[xxxi] historia. Lee todo el *Libro de Jueces* y observa cuan a menudo les ha levantado libertadores. Pasa por los *Reyes* y *Crónicas* y observa su benignidad paciente al enviarles profeta tras profeta. ¿Dónde en el Nuevo Testamento hay una palabra que, por pura gracia, exceda a "si vuestros pecados fueren como la grana, como la nieve serán emblanquecidos..." (Isa 1:18)? En los días de Joacaz, "el Señor actúo en *gracia* para con ellos" (II Reyes 13:22-23-KJV). Fueron convidados a decirle al Señor, "quita toda iniquidad, y recíbenos *en gracia*" (Oseas 14:2 – KJV). Malaquías dijo a Israel, "rogad a Dios para que actué en *gracia* con nosotros..." (Mal 1:9-KJV)[xxxii].

La concepción que el piadoso remanente de Israel tenía del carácter divino durante la economía Mosaica, era totalmente distinta de la rígida y amenazante presentación que de ella hacen los Dispensacionalistas. Escuchad al Salmista cuando dice "Clemente [con gracia] es Jehová, y justo; sí, misericordioso es nuestro Dios." (Sal 116:5). Oídle otra vez, mientras prorrumpe en alabanza de adoración, "Bendice, alma mía, a Jehová, y no olvides ninguno de sus beneficios. Él es quien perdona todas tus iniquidades, el que sana todas tus dolencias; no ha hecho con nosotros conforme a nuestras iniquidades, ni nos ha pagado conforme a nuestros pecados" (Sal 103:2-3, 10). ¿Pueden los cristianos decir más que eso? No es de sorprender que David exclamara, "¿A quién tengo yo en los cielos sino a ti? Y fuera de ti nada deseo en la tierra. Mi carne y mi corazón desfallecen; mas la roca de mi corazón y mi porción es Dios para siempre." (Sal 73:25-26). Si entonces se preguntara, "¿Cuáles es entonces la mayor distinción entre la era Mosaica y la Cristiana?", la respuesta sería, "en ese entonces la gracia de Dios estaba confirmada (confinada) a *una* nación, mas ahora, fluye a *todas* las naciones."

Lo que es cierto en lo general lo es también en lo particular. No solo eran los tratos de Dios con Su pueblo durante los tiempos del A.T sustancialmente iguales que con los de Su pueblo ahora, sino también en los *detalles*. No hay discordancia alguna, sino una perfecta armonía y concordancia entre ellos. Nótense los siguientes paralelismos cuidadosamente:

- "...su herencia en los santos." (Ef 1:18):
- "Porque la porción de Jehová es su pueblo; Jacob la heredad que le tocó." (Deu 32:9)
- "... amados por el Señor, de que Dios os haya escogido desde el principio para salvación..." (2 Tes 2:13):
- "...Con amor eterno te he amado..." (Jer 33:3)
- "en quien tenemos redención..." (Ef 1:7):
- "...Porque en Jehová hay misericordia, y abundante redención con él" (Sal

130:7)

- "...para que nosotros fuésemos hechos justicia de Dios en él." (2 Cor 5:21):
- "Ciertamente en Jehová está la justicia y la fuerza" (Is 45:24)
- "que nos bendijo con toda bendición espiritual... *en Cristo*" (Ef 1:3):
- "Benditas serán *en él* todas las naciones" (Sal 72:17)
- "y la sangre de Jesucristo su Hijo nos *limpia* de todo pecado." (1 Juan 1:7):
- "Toda tú eres hermosa, amiga mía, y en ti *no hay mancha*." (Cantares 4:7)
- "...el ser fortalecidos con poder en el hombre interior por su Espíritu" (Ef 3:16)
- "El día que clamé, me respondiste; Me fortaleciste con vigor en mi alma." (Sal 138:3)
- "Pero cuando venga el Espíritu de verdad, él os guiará a toda la verdad" (Juan 16:13):
- "Y enviaste tu buen Espíritu para enseñarles..." (Neh 9:20)"
- "Y yo sé que en mí, esto es, en mi carne, no mora el bien..." (Rom 7:18):
- "...todas nuestras justicias como trapo de inmundicia..." (Isa 64:6)

- "Amados, yo os ruego como a extranjeros y peregrinos..." (1 Pe 2:11):
- "...forasteros y extranjeros sois..." (Lev 25:23)
- "porque por fe andamos..." (2 Cor 5:7):
- "el justo por su fe vivirá." (Hab 2:4)
- "...fortaleceos en el Señor" (Ef 6:10):
- "Y yo los fortaleceré en Jehová" (Zac 10:12)
- "...ni nadie las arrebatará de mi mano." (Juan 10:28):
- "Todos los consagrados a él estaban en su mano" (Deu 33:3)
- "...el que permanece en mí, y yo en él, éste lleva mucho fruto" (Juan 15:5):
- "...de mí será hallado tu fruto" (Oseas 14:8)
- "...el que comenzó en vosotros la buena obra, la perfeccionará [finalizará]" (Fil 1:6):
- "Jehová cumplirá su propósito en mí" (Sal 138:8)

Otras innumerables armonías semejantes podrían añadirse.

Capítulo 4
Las Promesas de la Palabra de Dios

La doctrina de las promesas de Dios.

Como particularmente se trata de las promesas del Antiguo Testamento de las que los dispensacionalistas estarían privando a los cristianos, una mayor definición y una refutación más detallada son ahora requeridas – presentándose, como pueden ver, dentro del rango que ocupa nuestro tópico. Transcribiremos aquí lo que escribimos al respecto hace casi unos veinte años atrás.

1. Dado que la caída alienó a la criatura del Creador, no podía existir relación[xxxiii] alguna entre Dios y el hombre a no ser por una promesa de Su parte. Nadie puede reclamar nada de la Majestad en las alturas sin una orden de Él mismo, ni la conciencia podría quedar satisfecha a no ser que posea una concesión divina para cualquier bien que esperamos de Él.

2. Dios ha dirigido a Su pueblo mediante Sus promesas durante todas las edades, a fin de que puedan ejercer fe, esperanza, suplicas, y dependencia de Él: les dio promesas para probarlos, para conocer si realmente confiaban y contaban con Él.

3. El Intermediario de las promesas es Dios-hombre Mediador[xxxiv], Jesucristo, por cuanto no podía haber relación alguna entre Dios y nosotros sino solo a través del Árbitro[xxxv] escogido. En otras palabras, Cristo debe recibir todo bien para nosotros, y no-

sotros recibirlo de segunda mano de Él (esto es, por intermedio de Él).

4. Que los cristianos siempre cuiden de no contemplar ninguna de las promesas de Dios separadamente de Cristo. Sea lo que fuere la cosa prometida, la bendición deseada, sea temporal o espiritual, no podemos ni legítima ni realmente disfrutarla sino solo en y a través de Cristo. Por eso el apóstol les recordó a los Gálatas, "Ahora bien, a Abraham fueron hechas las promesas, y a su simiente. No dice: Y a las simientes, como si hablase de muchos, sino como de uno: Y a tu simiente, la cual es Cristo." (Gál 3:16) – citando a Génesis 12:3, Pablo no estaba demostrando, sino *afirmando*, que las promesas de Dios a Abraham no respectaban a toda su descendencia carnal (natural), sino solamente a aquellos quienes eran de su simiente espiritual, los unidos a Cristo. Todas las promesas de Dios a los creyentes son hechas en Cristo, el Fiador[xxxvi] del pacto eterno[xxxvii], y son conferidas desde Él a nosotros – tanto las promesas en sí mismas como las cosas prometidas. "Y *esta* [incluyendo todo] es la promesa que él nos hizo, la vida eterna" (1 Juan 2:25). Y como 1 Juan 5:11 nos dice, "esta vida está en Su Hijo" – así también la gracia, y todos los otros beneficios.

"Si leo cualquiera de las promesas, encuentro que todas y cada una contienen a Cristo en su seno, Él mismo siendo la gran Promesa de la Biblia. *A Él* fueron hechas todas primero; *de Él* proviene toda la eficacia, dulzura, valor, e importancia de ellas; *por Él* son traídas y hechas perfectamente claras al corazón; y *en Él* son todas ellas sí, y amén." (R. Hawker, 1810)

5. Dado que todas las promesas de Dios son hechas en Cristo, claramente se sigue que ninguna de ellas es aplicable a quien esté fuera de Cristo, por cuanto estar fuera de Él es estar fuera del favor de Dios. Dios no puede mirar a la tal persona sino solo como un objeto de Su ira, como combustible para Su venganza; no hay esperanza alguna para ningún hombre hasta que éste se halle en Cristo. Pero podría preguntarse, ¿Dios no concede nada bueno a aquellos que están fuera de Cristo, cuando envía su lluvia sobre los injustos, y llena el vientre de los impíos con cosas buenas (Sal 17:14)? Sí, indudablemente lo hace. Entonces, ¿no son aquellas gracias temporales, *bendiciones*? Ciertamente no: muy lejos está de ello. Como Él dice en Malaquías 2:2, "maldeciré vuestras bendiciones; y aun las he maldecido, porque no os habéis decidido de corazón." (cf. Deuteronomio 28:15-20). Para el impío, las gracias temporales de Dios son como comida dada a los bueyes: no hacen más que "prepararlos para el día de la matanza" (Jeremías 12:3; cf. Santiago 5:5).

"Los Hijos de la Promesa"

Habiendo presentado por encima un breve esbozo sobre el asunto de las promesas divinas, examinemos ahora una expresión, aunque poco notada, admirable, a saber, "los hijos de la promesa."

"No son los hijos de la carne los que son hijos de Dios, sino que *los hijos de la promesa* son considerados como descendientes" (Rom 9:8).[xxxviii] En el contexto, el apóstol habla sobre el rechazo de Dios de los judíos y el llamado a los gentiles, lo cual era un punto peculiarmente doloroso para los primeros. Luego de describir los singulares privilegios disfrutados por el Israel nación (9:4-5), señala la *diferencia* que existe entre ellos y "el Israel de Dios" antitípico (9:6-9), el cual es ilustrado mediante los casos de Isaac y Jacob. Aunque los judíos hayan rehusado (rechazado) al evangelio y asimismo fueron rechazados por Dios, no debe suponerse que Su palabra falló en su cumplimiento (v.6), porque no solo se cumplieron las profecías respecto del Mesías, sino que también la promesa de la simiente de Abraham estaba cumpliéndose de manera exitosa. Pero era más importante aprehender correctamente, que, o *quienes,* componían dicha "simiente." "... porque no todos los que descienden de Israel [natural/carnalmente hablando] son israelitas [espiritualmente hablando], ni por ser descendientes de Abraham, son todos hijos; sino: En Isaac te será llamada descendencia" (9:6-7).

Los judíos erróneamente imaginaron (como hacen los

modernos dispensacionalistas) que las promesas hechas a Abraham concernientes a su simiente involucraban (concernían) a todos sus descendientes. Su jactancia era "linaje de Abraham somos" (Juan 8:33), a lo cual Cristo replicó, "Si fueseis hijos de Abraham, las obras de Abraham haríais" (8:39; véase Rom 4:12). El rechazo de Dios de Ismael y Esaú fue una muestra decisiva de que la promesa *no* fue hecha a los descendientes naturales como tales. La elección de Isaac y Jacob enseña que la promesa estaba restringida a un linaje escogido.

> "Esto es, no son los hijos de la carne los que son hijos de Dios, sino que los hijos de la promesa son considerados [contados] como descendientes. Porque esta es una palabra de promesa: Por este tiempo volveré, y Sara tendrá un hijo" (Rom 9:8-9).[xxxix]

Los "hijos de Dios" y "los hijos de la promesa" son uno y lo mismo, ya sea que fueren judíos o gentiles. Así como Isaac fue concebido de forma sobrenatural, también lo son todos los elegidos de Dios (Juan 1:13). Así como Isaac, por causa de eso, fue el heredero de la bendición prometida, así también lo son los cristianos (Gál 4:29; 3:29). "Hijos de la promesa" es idéntico a "herederos de la promesa" (Heb 6:17; cf. Rom 8:17).

Hijos Espirituales

Las promesas de Dios están dirigidas a los *hijos espirituales* de Abraham (Rom 4:16; Gál 3:7), y ninguna de ellas puede fallar en su cumplimiento. "Porque todas las promesas de Dios son en él [esto es, Cristo] Sí, y en él Amén" (II Co 1:20). Están depositadas en Cristo, y en Él hallan su afirmación y certificación, por cuanto Él es la suma y la sustancia de ellas. Inefablemente bendita es aquella declaración a los humildes hijos de Dios – sin embargo, un misterio oculto para aquellos que son sabios en sus propias presunciones. "El que no escatimó ni a su propio Hijo, sino que lo entregó por todos nosotros, ¿cómo no nos dará también con Él todas las cosas?" (Rom 8:32). Las promesas de Dios son numerosas, tanto las concernientes a esta vida como a la que habrá de venir. Son concernientes a nuestro bienestar temporal como al espiritual, supliendo las necesidades del cuerpo como también las del alma. Cualquiera sea el carácter de las mismas, ninguna de ellas puede cumplirse en nosotros a no ser sino solo en y a través y por medio de Aquel que vivió y murió por nosotros. Las promesas que Dios le ha dado a los Suyos son plenamente seguras y confiables, por cuanto les fueron hechas en Cristo; son infaliblemente ciertas en su cumplimiento, porque son consumadas a través y por medio de Él.

Una bendita ilustración, sí, una ejemplificación de lo que se ha estado demostrando, se encuentra en Hebreos 8:8-13, y 10:15-17, en donde el Apóstol cita las promesas dadas en Jeremías 31:31-34. Los dispensacionalistas objetarían y dirían que esas promesas pertenecen a los descendientes carnales (naturales) de Abraham, y que no son para nosotros. Pero Hebreos 10:15 introduce a la cita de aquellas promesas expresamente afirmando, "por tanto, el Espíritu Santo también *nos es* [no, "fue"] testigo."[xl] Esas promesas se extienden también a los creyentes gentiles, por cuanto son las arras de la gracia basada en Cristo, y en Él, tanto judíos como gentiles, *son uno* (Gál 3:26). Antes de que la pared de separación fuese derrumbada, los gentiles en verdad estaban "ajenos a los pactos de la promesa" (Ef 2:12), pero cuando esa pared fue removida, los creyentes gentiles vinieron a ser "coherederos y miembros del mismo cuerpo, y *copartícipes* de la promesa en Cristo Jesús por medio del evangelio" (Ef 3:6). Como lo expresa Romanos 11, participan de la raíz y de la rica savia del olivo (11:17). Aquellas promesas de Jeremías 31 no están hechas a la nación judía como tal, sino al "Israel de Dios" (Gál 6:16), esto es, a toda la elección de gracia, y son infaliblemente llevadas a cabo en todos ellos al momento de su regeneración por medio del Espíritu.

En la clara luz de otros pasajes del Nuevo Testamento, parece extraño en gran manera que cualquiera que este familiarizado con el mismo niegue que Dios haya hecho este "nuevo pacto" con aquellos que son miembros del cuerpo místico de Cristo. Que los cristianos son partícipes de sus bendiciones queda claro por I Corintios 11:25, donde se hace cita de las palabras del Salvador en la institución de Su cena, diciendo, "esta copa es el nuevo pacto en mi sangre"; y otra vez por II Corintios 3:6, donde el Apóstol declara que Dios "asimismo nos hizo ministros competentes de un nuevo *pacto*," y la misma palabra griega para *pacto* es usada en los pasajes de Hebreos 8:8

y 10:16^xli. En el primer sermón predicado luego de que el nuevo pacto fue establecido, Pedro dijo, "Porque para vosotros es la promesa, y para vuestros hijos, y para todos los que están *lejos*," i.e., los gentiles (Ef 2:13), clasificados como "para cuantos el Señor nuestro Dios llamare" (Hechos 2:39). Además, los términos de Jeremías 31:33-34 están siendo cumplidos a bien en todos los creyentes hoy: Dios es su Dios de pacto (Heb 13:20), Su ley es consagrada en sus afectos (Rom 7:22), le conocen como su Dios, sus iniquidades les son perdonadas.

El Derecho de los Cristianos a las Promesas del Antiguo Testamento

La declaración del Espíritu Santo en II Corintios 7:1 debería, para todos aquellos que se someten a la autoridad de las Sagradas Escrituras, dirimir la cuestión del derecho de los cristianos a las promesas del Antiguo Testamento: "Así que, amados, puesto que tenemos tales promesas, limpiémonos de toda contaminación de carne y de espíritu, perfeccionando la santidad en el temor de Dios." *¿Cuáles* promesas? Aquellas mencionadas al final del capítulo precedente. Entonces leemos, "¿Y qué acuerdo hay entre el templo de Dios y los ídolos? Porque vosotros sois el templo del Dios viviente, *como Dios dijo*: habitaré y andaré entre ellos, y seré su Dios, y ellos serán mi pueblo" (II Co 6:16). ¿Y en donde dijo Dios esto? Remontémonos a Levítico 26:12, "y andaré entre vosotros, y yo seré vuestro Dios, y *vosotros seréis mi pueblo*." ¡Esa promesa fue hecha a la nación de Israel en los días de Moisés! Y otra vez leemos,

> "Por lo cual, Salid de en medio de ellos, y
> apartaos, dice el Señor, y no toquéis lo in-
> mundo; y yo os recibiré, y seré para vosotros
> por Padre, y vosotros me seréis hijos e hijas,
> dice el Señor Todopoderoso." (II Cor 6:17-
> 18)

Cuyas palabras claramente se refieren a Jeremías 31:9
y Oseas 1:9-10

Observa ahora especialmente lo que el Espíritu Santo
dice acerca de las promesas del Antiguo Testamento a
través de Pablo. Primero, dice a los santos del Nuevo
Testamento "puesto que tenemos tales promesas" (2 Co
7:1). Declara que aquellas antiguas promesas les pertenecen: que las mismas son de su interés personal y derecho;
que son herederos de ellas no únicamente en esperanza,
sino también en poder (de hecho) – suyas para hacer
completo uso de ellas, para alimentarse y gozarse, para
deleitarse en ellas y darle las gracias a Dios por las mismas. Desde que Cristo mismo es nuestro, *todas las cosas*
son nuestras (I Corintios 3:22-23). Oh, lector cristiano,
no permitas que ningún hombre, bajo los pretextos de
"dividir correctamente la palabra," te desligue de ellas, y
te robe las "preciosas y grandísimas promesas" de tu Padre (2 Pe 1:4). Si él se contenta con confinarse a unas po-
cas epístolas del N.T, deja que así lo haga – esa es su
pérdida. Pero no le permitas confinarte a tan estrecho alcance. Segundo, somos por consiguiente instruidos a uti-
lizar tales promesas como motivaciones e incentivos para

el cultivo de la piedad personal, en el deber privado de la mortificación y el deber positivo de la santificación.

"Porque Él dijo: No te desampararé, ni te dejaré"

Una prueba contundente y conclusiva de que las promesas del A.T pertenecen a los santos actuales, es hallada en Hebreos 13:5, donde nuevamente se hace un uso práctico de igual forma. Allí, los cristianos son exhortados, "Sean vuestras costumbres sin avaricia, contentos con lo que tenéis ahora." Tal exhortación es reforzada por esta agraciada consideración: "porque Él dijo: No te desampararé, ni te dejaré." Dado que el Dios viviente es tu porción, tu corazón debe de regocijarse en Él, y toda ansiedad concerniente a cubrir cada necesidad debe ser para siempre removida. Pero ahora, estamos particularmente más interesados en la promesa aquí citada: "porque él dijo: No te desampararé, ni te dejaré," etc. ¿Y a quien fue dada la promesa en primer lugar? A quien estaba a punto de guiar a Israel hacia la tierra de Canaán – como una referencia a Josué 1:5 muestra. Así, fue hecha a una persona en particular en una ocasión especial, a un general que iba a procesar una gran guerra bajo el mandato inmediato de Dios. Afrontando esa exigente situación, Josué recibe la garantía de Dios de que Su presencia siempre estaría consigo.

Pero si el creyente da lugar a la incredulidad, el diablo será muy pronto para decirle que la promesa no le pertenece. *Tú* no eres el capitán del ejército, comisionado por Dios para derrotar las fuerzas de un enemigo; el poder de esa promesa cesó cuando Canaán fue conquistada, y murió con aquel a quien le fue hecha. En lugar de eso, como señaló Owen en su comentario sobre Hebreos 13:5,

"A fin de manifestar la *semejanza* de amor que existe en todas las promesas – con su fundamento en el único Mediador, y el interés general de los creyentes en cada una de ellas, independientemente de cómo y en qué ocasión le hayan sido dadas a alguien – esta promesa a Josué está aquí aplicada a la condición de los más débiles, insignificantes, y pobres de entre los santos: a todos y a cada uno de ellos, sea cual fuere su caso y condición. E indudablemente, los creyentes son no poco deficientes[xlii] en sí mismos y en sus propias consolaciones, por lo que están particularmente cercanos a estas palabras de verdad, gracia y fidelidad, que, en diversas ocasiones y en períodos distintos, habían sido dadas a los santos de antaño – incluso Abraham, Isaac, Jacob, David, y demás de ellos, quienes caminaron con Dios en sus generaciones. Estas cosas, de manera especial, están registradas para nuestra consolación." [xliii]

Observemos ahora cuidadosamente el *uso* que el Apóstol hace de esta antigua, pero sin embargo, eterna promesa, "No te desampararé, ni te dejaré." *Primero*, se vale de la misma a fin de hacer cumplir su exhortación a los cristianos en cuanto a los deberes de la mortificación y la santificación. Segundo, traza una inferencia lógica y práctica desde la misma, declarando, "de manera que podemos decir confiadamente: el Señor es mi ayudador; no temeré lo que me pueda hacer el hombre" (Heb 13:6). Así pues, se llega a una doble conclusión: tal promesa es para inspirar a todos los creyentes en confianza, en el socorro y la asistencia de Dios, y en audacia y valentía ante los hombres – mostrándonos con qué propósito nos debemos aplicar las promesas divinas. Tales conclusiones están basadas en el carácter de quien promete: porque Dios es infinitamente bueno, fiel, y poderoso, y porque no cambia, puedo declarar en plena confianza junto con Abraham "Dios proveerá" (Gén 22:8); con Jonatán, "el Señor no está limitado" (1 Sam 14:6)[xliv]; con Josafat, "no hay quien te resista" (2 Crón 20:6); con Pablo, "Si Dios es por nosotros, ¿quién contra nosotros?" (Rom 8:31). La presencia permanente del Señor todo suficiente trae por certeza ayuda (auxilio), y por lo tanto cualquier alarma (sobresalto) en enemistad del hombre debe ser removida de nuestros corazones. Mi peor enemigo no puede hacer nada contra mí sin el permiso de mi Salvador.

"De manera que [*nosotros*] podemos decir confiadamente [libremente, sin vacilación por la incredulidad]: el Señor es *mi* ayudador; no temeré lo que me pueda hacer el hombre" (Heb 13:6). Nótese atentamente el cambio que hace del plural al singular, y apréndase de ahí que los principios generales habremos de apropiárnoslos de manera particular, como igualmente habremos de tomar a modo personal los preceptos generales. El Señor Jesús singularizó (individualizó) "No *tentaréis* a Jehová vuestro Dios" de Deuteronomio 6:16, cuando era asaltado por Satanás, diciendo, "Escrito está también: No *tentarás* al Señor tu Dios"[xlv] (Mat 4:7). Es solamente por medio de aplicar las promesas y los preceptos divinos a nosotros mismos personalmente que podemos "mixturar la fe" con las mismas, o hacer un uso apropiado y provechosa de ellas. También habrá de notarse cuidadosamente que una vez más el Apóstol confirma su argumentación mediante un testimonio divino, por cuanto las palabras "el Señor es mi ayudador; no temeré lo que me pueda hacer el hombre" no son palabras suyas, sino una cita de las palabras utilizadas por David en el Salmo 118:6. De esta manera, otra vez somos enseñados de que el lenguaje del A.T está exactamente adecuado a los casos y circunstancias de los cristianos hoy día, y que es derecho y privilegio de ellos el apropiarse libremente del mismo.

"Podemos decir confiadamente" (Heb 13:6), con exactitud, lo que el salmista hizo cuando estaba presionado en gran manera (Sal 118:6). Fue durante una temporada de profunda aflicción que David expresó su confianza en el Dios viviente, en un tiempo en que parecía que sus enemigos estaban a punto de devorarlo; pero viendo la omnipotencia de Jehová y contrastando Su poder con la flaqueza de las criaturas, su corazón fue fortalecido y animado. Pero dejad que el lector perciba con claridad lo que ello implicaba. Significa que David tornó su vista de lo visible a lo invisible. Significa que fue conducido por la fe, en lugar de serlo por la vista, sentimientos o razonamientos. Significa que su corazón estaba ocupado en el Todopoderoso. Pero significa mucho más: estaba ocupado (dedicado) en la relación de aquel Único Omnipotente para con él. Significa que reconoció y percibió la unión espiritual que había entre ellos, de modo que podía justamente y verdaderamente declarar en toda certidumbre, "el Señor es mi ayudador." Si Él es mi Dios, mi Redentor, y mi Padre, entonces, puedo contar con Él, sabiendo que se encarga de mí cuando estoy grandemente oprimido, o cuando mis enemigos amenazan con devorarme, o cuando mi tinaja de harina está casi vacía. Ese "mi", es el lenguaje de la fe, y la conclusión, es que la seguridad (garantía) de la fe, se basa en la promesa infalible de Aquel que no puede mentir.

Capítulo 5
El Uso de la Palabra de Dios

El Uso Práctico y Personal de los Cristianos

En estos artículos pretendemos mostrar el uso que los cristianos deben hacer de la Palabra de Dios: o más particularmente, como es tanto su privilegio como su deber el *recibir el todo de ellas* como dirigidas *para sí mismos*, así como volverse a ellas para información *práctica*, apropiándose de sus contenidos para sus necesidades personales. La Biblia no es un libro que demande tanto el ejercicio de nuestro intelecto como lo hace con el ejercicio de nuestras afectos, conciencia y voluntad. Dios nos las ha entregado, no para nuestro entretenimiento, sino para nuestra educación – para hacernos saber lo que Él exige de nosotros. Está para ser la guía del viajero, en tanto que éste viaja por el laberinto de este mundo, la carta del marinero, en tanto que navega por el mar de la vida. Así pues, siempre que abrimos la Biblia, la pregunta indispensables para cada uno de nosotros a fin de permanecer ante Él, es, "¿Qué hay aquí para mi hoy?" "¿Qué relación mantiene el pasaje que está frente a mí con mi situación actual y   circunstancias?" "¿Qué instrucción hay aquí para dirigirme en la administración de mis negocios, y para guiarme en la responsabilidad de mis asuntos domésticos y sociales, a fin de promoverme a un andar más apegado a Dios?"

Debo ver que todo precepto se dirige a mí, incluso cada promesa. Pero es de temer en gran manera que, a causa de la falta de identificación con la Palabra de Dios para aplicárselas a sus propios casos y circunstancias, haya tanta lectura bíblica y estudios que terminen siendo de poco o de ningún beneficio real para el alma. Nada más nos protegerá de las infecciones de este mundo, de las tentaciones de Satanás, ni será tan eficaz en preservarnos del pecado, como la Palabra de Dios *recibida en nuestras afectos.* "La ley de su Dios *está en su corazón*; por tanto, sus pies no resbalarán" (Sal 37:31), solo puede decirse de aquel que ha hecho una apropiación personal de la Ley, y se halla apto para declarar[xlvi] junto al Salmista, "Por heredad he tomado tus testimonios para siempre, porque son el gozo de mi corazón." (Sal 119:111). En cuanto la Verdad está trabajando en nosotros, influenciándonos de manera práctica, es amada y reverenciada por nosotros, y despierta la conciencia, siendo impedidos de caer en pecado abierto – como fue preservado José cuando malignamente fue solicitado por la esposa de su amo (Gén 39:9). Y solo cuando personalmente salimos fuera y reunimos diariamente nuestra porción de maná y nos alimentamos de ella, seremos provistos de fuerza para el desempeño de los deberes y para producir fruto para la gloria de Dios.

Tomemos Génesis 17:1 como ilustración. "Era Abram de edad de noventa y nueve años, cuando le apareció Jehová y le dijo: Yo soy el Dios Todopoderoso; anda delante de mí y sé perfecto." O "sincero." ¿Cómo un cristiano habrá de aplicarse este texto *para sí*? *Primero* que todo, dejémosle observar a quien fue exhibida está señal de favor y honra: a saber, a aquel que es "el padre de todos los que creen" (Rom 4:11-12, 16) – y él fue la primera persona en el mundo a quien se dice que el Señor se le apareció. En *segundo* lugar, obsérvese cuando fue que Jehová se le manifestó: esto es, en su avanzada edad, cuando la fuerza natural estaba desgastada y la muerte estaba escrita en la carne. *Tercero*, note atentamente el carácter particular con el que el Señor se le revela: "el Dios Todopoderoso," o más literalmente, *"El Shaddai"* – el todo-suficiente Dios. *Cuarto*, considérese la exhortación que acompaña a tal presentación: "anda delante de mí y sé sincero." *Quinto*, pondérense esos detalles a la luz de la secuencia inmediata: Dios le está haciendo una promesa de que le engendraría un hijo por Sara, cuya edad para tener hijos había caducado (17:15-19). Todo lo que es de Dios debe ser efectuado por Su gran poder: Él puede, y debe, hacerlo todo – la carne para nada aprovecha; ningún movimiento de mera naturaleza [en sí mismo] es de utilidad alguna.

Ahora, cuando el creyente pondera[xlvii] aquel memorable incidente, *esperanza* debe ser inspirada de ello ¡*El Shaddai* es tan ciertamente *su* (para el cristiano) Dios, como lo fue de Abraham! Eso queda claro por II Corintios 7:1, por cuanto una de esas promesas es, "Y seré para vosotros por Padre... dice el *Señor Todopoderoso*" (6:18), y por Apocalipsis 1:8, en donde el Señor Jesús dice a las siete iglesias, "Yo soy el Alfa y la Omega... el

Todopoderoso." Es una declaración de Su Omnipotencia, para Quien todas las cosas son posibles. "El todo-suficiente Dios" nos habla de lo que Él es en Sí mismo: auto-existente, independiente – y lo que es para Su pueblo: el que suple todas sus necesidades. Cuando Cristo le dijo a Pablo, "*bástate* mi gracia (mi gracia te *es suficiente* – KJV)" era un todo (una misma cosa) con lo que Jehová le dijo a Abraham. Definitivamente, el Señor apareció a los patriarcas en forma visible (y humana); Él se nos aparece a sí mismo a nosotros mediante los ojos de la fe. A menudo, le place encontrársenos en las ordenanzas de Su gracia, y enviarnos regocijantes a nuestro camino. A veces, se "manifiesta" a Sí mismo (Juan 14:21) a nosotros en los retiros de privacidad. Frecuentemente, se nos aparece en Su providencia, mostrándose fuerte en nuestro favor. Ahora, dice Él, "anda delante de mí sinceramente", en la creyente percepción (cabal conciencia y conocimiento) de que Yo soy Todo-suficiente para ti, consciente de mi omnipotencia, y todo irá bien contigo.

Pruebas para la Aplicación Personal

Aduzcamos ahora algunas de las muchas pruebas de las aserciones hechas en nuestras frases de apertura, pruebas provistas por el Espíritu Santo y el Señor Jesús en la aplicación que ellos mismos hacen de las Escrituras. Es muy impresionante, de hecho, descubrir que el primer mandamiento moral que Dios dio a la humanidad, a saber, el que debía regular la relación matrimonial, fuese expresado en términos tales, que comprendiera una ley divina que es universal y perpetuamente obligatoria (comprometedora): "Por tanto, dejará el hombre a su padre y a su madre, y se unirá a su mujer, y serán una sola carne" (Gén 2:24) - citado por Cristo en Mateo 19:5. "Cuando alguno tomare mujer y se casare con ella, si no le agradare por haber hallado en ella alguna cosa indecente, le escribirá carta de divorcio, y se la entregará en su mano, y la despedirá de su casa" (Deu 24:1). Este estatuto fue dado en los días de Moisés; sin embargo, encontramos a nuestro Señor refiriéndose al mismo y diciéndole a los Fariseos de Su tiempo, "Por la dureza de vuestro corazón os escribió este mandamiento" (Mar 10:5).

El principio por el cual estamos aquí contendiendo, es preciosamente ilustrado en el Salmo 27:8, "Cuando dijiste: Buscad mi rostro, mi corazón te respondió: Tu rostro, Señor, *buscaré.*"[xlviii] Así, David, hizo *particular* lo que era general, aplicando para sí mismo, personalmente, lo que fue dicho a los santos colectivamente. Tal es el uso que siempre cada uno de nosotros debería hacer de cada porción de la Palabra de Dios – como vemos al Salvador en Mateo 4:7, cambiando el "vosotros" (no tentareis) de Deuteronomio 6:16, por el "tú" (no tentarás). Y otra vez en Hechos 1:20 encontramos a Pedro, cuando alude a la deserción de Judas, alterando el "Que *sus* casas…" (Sal 69:25), a "Que *su* casa quede desolada"[xlix]. Aquello, no era tomarse una libertad indebida para con las Sagradas Escrituras, sino, más bien, era hacer una aplicación específica de lo que estaba indefinido.

"No te alabes delante del rey, ni estés en el lugar de los grandes; Porque mejor es que se te diga: Sube acá, y no que seas humillado delante del príncipe a quien han mirado tus ojos." (Proverbios 25:6-7)

Sobre este versículo Thomas Scott justamente observó, "No puede existir duda alguna razonable de que nuestro Señor se estaba refiriendo a éstas palabras en Su amonestación contra los ambiciosos invitados de las mesas de los Fariseos (Lucas 14:7-11), y es así como fue comprendido. Mientras que, por consiguiente, esto le da su sanción (aprobación) al *Libro de Proverbios*, también enseña que aquellas máximas pueden aplicarse a casos similares, y a que, no precisamente debemos confinar su interpretación exclusivamente al tema que dio lugar a las máximas."

Ni siquiera la presencia de Cristo, Su Santo ejemplo, Su instrucción celeste, podía restringir la disputa entre Sus discípulos sobre cuál de ellos sería el mayor. Amar tener la preeminencia [el primer lugar] (3 Juan 9-10), es la perdición de la piedad en las iglesias.

"Yo Jehová te he llamado... y te pondré por pacto al pueblo, por luz de las naciones [gentiles]"; "también te di por luz de las naciones, para que seas mi salvación hasta lo postrero de la tierra." (Isa 42:6, 49:6). Estas palabras fueron dichas por el Padre al Mesías, mas aún, en Hechos 13:46-47, encontramos a Pablo diciendo de Bernabé y de sí mismo, "he aquí, nos volvemos a los gentiles. Porque así *nos* ha mandado el Señor, diciendo: Te he puesto para luz de los gentiles, a fin de que seas para salvación hasta lo último de la tierra." Y otra vez, en Romanos 10:15, hallamos que el Apóstol fue inspirado a hacer una aplicación a los siervos de Cristo de aquello que había sido dicho inmediatamente de Él: "¡¡Cuán hermosos son sobre los montes los pies del que trae alegres nuevas, del que anuncia la paz...!!" (Isa 52:7): "¿Y cómo predicarán si no fueren enviados? Como está escrito: !!Cuán hermosos son los pies de los que anuncian la paz, de los que anuncian buenas nuevas!" (Rom 10:15). "Cercano está el que me justifica... *¿quién es el que me condena?*" (Isa 50:8-9): el contexto muestra inequívocamente que es Cristo quien habla aquí, sin embargo en Romanos 8:33-34 el Apóstol no titubea en aplicar esas palabras a los miembros de Su cuerpo: "¿Quién acusará a los escogidos de Dios? Dios es el que justifica. *¿Quién es el que condenará?*"

La inefablemente solemne comisión dada a Isaías concerniente a su generación apóstata (6:9-10) fue aplicada por Cristo a las gentes de su tiempo, diciendo: "De manera que se cumple *en ellos* la profecía de Isaías" (Mat 13:14-15). Otra vez, en 29:13, Isaías anunció que el Señor diría, "este pueblo se acerca a mí con su boca, y con sus labios me honra, pero su corazón está lejos de mí," mientras que en Mateo 15:7 encontramos al Señor diciéndoles a los escribas y Fariseos, "Hipócritas, bien profetizó *de vosotros* Isaías, cuando dijo: Este pueblo de labios me honra; Mas su corazón está lejos de mí," etc.

Incluso más notable, es la reprensión de Cristo a los Saduceos, quienes negaban la resurrección del cuerpo, "Pero respecto a la resurrección de los muertos, ¿no habéis leído lo que os fue dicho por Dios, cuando dijo: Yo soy el Dios de Abraham, el Dios de Isaac y el Dios de Jacob? Dios no es Dios de muertos, sino de vivos" (Mat 22:31-32). Lo que Dios hablo de inmediato a Moisés desde la zarza ardiente, fue igualmente designado para la instrucción y el consuelo de todos los hombres hasta el fin del mundo. Lo que el Señor dijo a una persona en particular, lo dice a todo el favorecido al leer Su Palabra. Por tanto, nos concierne escuchar y prestar atención a la misma, por cuanto, por esa Palabra seremos juzgados en el gran día final (Juan 12:48).

El principio fundamental por el cual estamos aquí contendiendo, es plenamente expresado otra vez por Cristo en Marcos 13:37, "Y lo que a vosotros digo, a todos lo digo: ¡Velad!" Tal exhortación a los Apóstoles está dirigida directamente a todos los santos en toda generación y lugar. Como bien dijo Owen,

> "Las Escrituras hablan a cada edad (tiempo), cada iglesia, cada persona, no menos de lo que hablaron a aquellos a quienes fueron dirigidas en primera instancia. Esto nos enseña como deberíamos de ser tocados (afectados) al leer la Palabra: deberíamos leerla como una carta escrita por el Señor de la gracia

desde los cielos *a nosotros, por nombre* [personalmente]."

Si habría algún libro en el Nuevo Testamento particularmente restringido, son las "Epístolas Pastorales," sin embargo, la exhortación de II Timoteo 2:19 es general: "Apártese de iniquidad todo aquel que invoca el nombre de Cristo." Aquellos que están tan aficionados de restringir la Palabra de Dios dirían que, "Tú, pues, sufre penalidades como buen soldado de Jesucristo" (2:3), está dirigida a los ministros del evangelio, y que no pertenece al rango y al legajo de los creyentes. Pero Efesios 6:10-17 muestra (por implicación necesaria) que aplica a *todos* los santos, por cuanto, la figura militante (bélica) es usada otra vez, y usada sin restricción alguna. La escuela Bullinger[l] insiste en que Santiago y Pedro – quienes dan advertencias contra aquellos que en los últimos tiempos andarán tras sus propias lujurias impías – escribieron para los creyentes judíos; pero Judas (dirigido a todos los santificados) declara que ellos [los apóstoles] *"os decían"* (v 17-18).

"Y estáis ya olvidados de la consolación que como con hijos habla con vosotros, (diciendo): Hijo mío, no menosprecies el castigo del Señor"[li] (Heb 12:5). Dicha exhortación es tomada de Proverbios 3:11, así que, hay mayor evidencia aún de que los preceptos del A.T (como sus promesas) no están confinados a quienes estuvieron bajo la economía Mosaica, sino que aplica con misma fuerza y franqueza a quienes están bajo el nuevo pacto. Obsérvese bien el tiempo verbal, "habla"[lii]: aunque escrito miles de años atrás, Pablo no dijo "que os ha hablado" – Las Escrituras son Palabra viviente a través de la cual su Autor habla *hoy*. Nótese también "que… habla con *vosotros*" – los santos Neo testamentarios: todo lo que reside en el *Libro de Proverbios* es tanto y tan ciertamente las instrucciones del Padre para los cristianos como lo son los contenidos de las epístolas Paulinas. A través de ese libro, Dios se dirige a nosotros individualmente como "hijo mío" (2:1; 3:1; 4:1; 5:1); tal exhortación es tan urgentemente necesitada por los creyentes hoy, como lo fue para los creyentes que vivieron en épocas anteriores. Aunque hijos de Dios, seguimos siendo hijos de Adán – obstinados, orgullosos, independientes; requerimos ser disciplinados, estar bajo la vara del Padre, soportándola mansamente, y a ser de ese modo ejercitados en nuestros corazones y conciencias.

Aspectos de Aplicación

Una palabra ahora sobre la *aplicación transferida*, por lo cual nos referimos a darle un sentido literal a un lenguaje que es figurativo, o viceversa. Así, cada vez que éste escritor deba transitar por gélidas carreteras, no dudará en literalizar la oración, "Sosténme, y seré salvo…" (Sal 119:117). "En paz me acostaré, y asimismo dormiré; Porque solo tú, Jehová, me haces vivir confiado" (Sal 4:8), es para tomarlo en su más amplia expresión, y considerarlo tanto para el reposo del cuerpo bajo la protección de la Providencia, y para el reposo del alma en la seguridad de la gracia protectora de Dios. En II Corintios

8:14, Pablo insiste en que debería haber igualdad mediante la ofrenda, o una justa redistribución de cargas, en la colecta que se estaba realizando en favor de los santos afligidos en Jerusalén. Dicha apelación fue respaldada con, "como está escrito: El que recogió mucho, no tuvo más, y el que poco, no tuvo menos." Es una referencia al maná recogido por los Israelitas (Éxodo 16:18): aquellos que recogieron en mayor cantidad, tuvieron más para darle al anciano y al débil; así, los cristianos ricos deben usar sus excedentes a fin de proveer para los pobres del rebaño. Pero ha de ser necesario tener mucho cuidado para que no entremos en conflicto (choquemos) con la Analogía de la Fe: así, "y la casa de Saúl se iba debilitando" (II Sam 3:1), ciertamente no significa que "la carne" se vuelve débil a medida que el cristiano crece en gracia, porque la experiencia cristiana universal testifica de que el pecado que mora en nosotros ruge tan vigorosamente al final como al principio.

Un breve comentario sobre la *aplicación doble*. Mientras que los predicadores deben estar siempre alerta de no tomar el pan de los hijos y arrojarlo a los perros (Mat 15:26), aplicándole a los incrédulos promesas dadas a, o declaraciones referidas, a los santos; por el otro lado, necesitan recordarle a los creyentes de la *fuerza continua* de las Escrituras y su actual adecuación a sus casos. Por ejemplo, la agraciada invitación de Cristo, "Venid a mí todos los que estáis trabajados y cargados, y yo os haré descansar" (Mat 11:28), y "Si alguno tiene sed, venga a mí y beba" (Juan 7:37), no debe limitarse a nuestro primer acercamiento al Señor como pecadores perdidos, sino que, como I Pedro 2:4 dice, "acercándoos a Él..." – en tiempo presente. Nótese también que en Mateo 4:5 dice "lloran," y no "han llorado," y "tienen hambre" en el verso 6. De manera semejante, las palabras autohumillantes, "Porque ¿quién te distingue?" (I Cor 4:7), hoy debería entenderse como: primero, de los incrédulos; segundo, de lo que *éramos* antes del nuevo nacimiento; y tercero, de otros cristianos con menor gracia y dones. ¿Por qué? Porque servimos a un Dios soberano, y por lo tanto no tienes nada de que presumir ni motivo alguno para jactarte.

Unas palabras ahora sobre la *aplicación del Espíritu* de la Palabra al corazón, y nuestro cometido quedará completo. Esto es descrito en un versículo como, "pues nuestro evangelio no llegó a vosotros en palabras solamente, sino también en poder, en el Espíritu Santo y en plena certidumbre" (I Tes 1:5). Eso es mucho más que tan solo tener la mente informada o las emociones conmovidas, y algo radicalmente distinto a quedar profundamente impresionado por la oratoria del predicador, sinceridad, etc. *Es* porque la predicación del evangelio ha de ir acompañada por la operación sobrenatural del Espíritu, y la eficaz gracia de Dios, para que las almas sean divinamente vivificadas, convencidas, convertidas, y liberadas del dominio del pecado y de Satanás. Cuando la Palabra es aplicada a una persona por el Espíritu, actúa como una espada de dos filos, penetrando en su hombre interior, horadando, hiriendo, matando a su autocomplacencia y a su justicia propia (fariseísmo) (Hebreos 4:12-13) – como sucedió en el caso de Saulo de Tarso (Rom 7:9-10). Esta es la "demostración del Espíritu" (I Co 2:21), el cual le da prueba de la verdad mediante los efectos producidos en el individuo al que se aplica para salvación, tan así que tiene "plena certidumbre" – i.e., él *sabe* que es la Palabra de Dios a causa del cambio radical y permanente obrado en él.

Ahora bien, el hijo [los hijos] de Dios, está diariamente necesitado de esta obra de gracia del Espíritu Santo: para hacer obrar "eficazmente"[liii] a la Palabra (I Tes 2:13) dentro de su alma y regular verdaderamente su vida, a fin de que agradecidamente pueda reconocer, "Nunca jamás me olvidaré de tus mandamientos [preceptos], porque con ellos *me has vivificado*" (Sal 119:93). Es su deber y privilegio orar por tal vivificación (versículos 25, 37, 40, 88, 107, 149, etc.). Es una petición ferviente para que pueda ser "renovado de día en día" en el hombre interior (II Cor 4:16), para que pueda ser "fortalecido con poder en el hombre interior por Su Espíritu" (Ef 3:16), para que sea reavivado y animado para andar por el sendero de los mandamientos de Dios (Sal 119:35). Es una petición sincera que su corazón pueda estar sobrecogido por un sentido continuo de la majestad de Dios, y derretido por una percepción de Su bondad, para que pueda ver la luz en la luz de Dios, percibiendo (reconociendo) el mal en las cosas prohibidas y la bendición de las cosas ordenadas (las ordenanzas). "Vivifícame", es una plegaria por gracia vitalizadora, para que pueda ser provechosamente enseñado

(Isa 48:17), para el incremento de su fe, el fortalecimiento de sus expectativas, y el ardor de su celo. Es equivalente a decir, "atráeme; en pos de ti correremos" (Cantares 1:4).

Arthur W. Pink

Notas del Traductor

[i] **Habiendo escrito tanto... de las Sagradas Escrituras** - La serie "La inspiración de las Escrituras" de Pink apareció en sus estudios expositivos mensuales *"Estudio de las Escrituras"* desde Octubre de 1949 hasta Abril de 1950. La serie "La Interpretación de las Escrituras" apareció en Agosto de 1950 hasta Mayo de 1952.

[ii] **Analogía de la Fe** – método de interpretación bíblica en la que pasajes claramente relacionados se utilizan para la interpretación de uno en particular (Rom 12:6).

[iii] **Dispensacionalismo** – sistema teológico que divide la Palabra de Dios en períodos arbitrarios, los cuales suponen diferencias en cuanto a las formas (métodos) de Dios para salvar al hombre de su pecado. Propone que los santos del A.T no forman parte de la Iglesia de Dios y que la Ley no incide en el cristiano como una guía para una vida moral.

[iv] **Dispensación** – período; era.

[v] **KJV** – versión King James.

[vi] **Ipse dixit** – latín: literalmente, "el mismo lo dijo." Se trata de la aceptación absoluta de una idea incluso sin razón.

[vii] Paréntesis agregado por el traductor.

[viii] **Proporción** – es como lo traduce la KJV utilizado por el autor de esta obra.

[ix] **Tipificación** – representando a algo más como un símbolo de características similares.

[x] **Rebeldes** – el término original del escrito es "backsliders," el cual puede traducirse como "apóstatas"; pero considerando el pasaje de Jeremías que luego emplea Pink, la palabra "rebeldes" (como se traduce de la Biblia) parece ser la mejor opción para traducir el concepto en su contexto.

[xi] **Contrariedad** - contradicción

[xii] **Siete rayos prismáticos** – los siete colores que componen al arcoíris: rojo, naranja, amarillo, verde, azul, índigo, y violeta.

[xiii] **Papistas** – aquellos que son seguidores del Papa; la Iglesia Católica Romana.

[xiv] **Arthur Tappan Pierson** (1837-1911) – Pastor americano presbiteriano, que predico 13,000 sermones

Y escribió cincuenta libros. Sucedió a C.H. Spurgeon en el púlpito del Tabernáculo Metropolitano, Londres.

[xv] **Inmediato** – directo; sin ningún intermediario.

[xvi] **Adoctrinar** – de la versión King James.

[xvii] **John Owen** (1616-1683) – llamado "el Príncipe de los Puritanos"; capellán en el ejército de Oliver Cromwell y rector en la Universidad de Oxford. La mayor parte de su vida se desempeñó como ministro congregacionalista. Sus obras escritas alcanzan los veinticuatro volúmenes, y están entre los mejores recursos teológicos.

[xviii] **Thomas Scott** (1747-1821) – ministro Anglicano, nacido en Lincolnshire, Inglaterra. Durante algunos años, previos a su conversión, se desempeñó como párroco bajo la tutela de John Newton (1725-1807). Es mejor conocido por su *Comentario de Toda la Biblia*.

[xix] **II Corintios 11:3** - versión LBLA; se adapta mejor a la traducción literal de la obra correspondiente a la KJV.

[xx] **Carnal** – literal, en carne, físico, actual.

[xxi] **Pántos** – palabra griega; adverbio "pás"; *enteramente;* específicamente *en todos los eventos,* (con negativa siguiendo) *en* ningún *evento:* de todos modos, en todo caso, de cierto, ciertamente, absolutamente, enteramente.

^{xxii} **Decálogo** – Los Diez Mandamientos, el resumen de la Ley moral de Dios (Ex. 20:3-17)

^{xxiii} **Meridiana** – propio del brillo del sol al medio día, por lo tanto, correspondiente al gran esplendor.

^{xxiv} Centrifugas...centrípetas – "centrifuga," se produce del centro hacia afuera; "centrípeta," procede o se dirige hacia el centro.

^{xxv} **Jota y tilde** – "jota," la letra más pequeña en el alfabeto Hebreo; "coma," el trazo más pequeño usado para escribir/formar letras Hebreas (Mat 5:18); por lo tanto, detalles minuciosos.

^{xxvi} **Exégesis** – explicación bíblica que establece el significado de un pasaje, utilizando el método literal, gramatical e histórico de la interpretación.

^{xxvii} **Cyrus Ingerson Scofield** - fue un teólogo estadounidense, ministro religioso y escritor cristiano. Conocido por ser el autor de la Biblia Anotada de Scofield, cuya primera publicación fue en 1909, popularizando el Dispensacionalismo entre los Cristianos fundamentalistas.

^{xxviii} El Sr. Pink probablemente se refiera a la edición 1917 de la Biblia de Referencia Scofield. Las ediciones modernas de 1967 y 1984 han sido intensamente revisadas y tienen números de página distintos.

^{xxix} Cita correspondiente a "La Ley y la Gracia," páginas 108 a 110 de *Como disfrutar la Biblia* por E.W. Bullinger (1837-1913), ministro anglicano, erudito bíblico, y teólogo ultradispensacionalista.

^{xxx} **LBLA**

^{xxxi} **Variada** – teniendo altibajos frecuentes.

^{xxxii} **KJV** – Siempre que se indiquen estas siglas se está indicando que los versículos correspondientes fueron traducidos directamente desde la versión King James (versión con la que trabajó el autor) al español; se su-

giere reverlos y compararlos en distintas versiones españolas de confianza.

[xxxiii] **Relación** – comunión.

[xxxiv] **Mediador** – intermediario: "Agradó a Dios, en su propósito eterno, escoger y ordenar al Señor Jesús, su Hijo unigénito, conforme al pacto hecho entre ambos, para que fuera el mediador entre Dios y el hombre; profeta, sacerdote, y rey; cabeza y Salvador de la iglesia, el heredero de todas las cosas y juez del mundo; a quien dio, desde toda la eternidad, un pueblo para que fuera su simiente y para que a su tiempo lo redimiera, llamara, justificara, santificara y glorificara. (*Confesión Bautista de Fe de 1689*)

[xxxv] **Árbitro** – Mediador, intermediario; véase Job 9:33.

[xxxvi] **Fiador** – Uno que asume la responsabilidad o deudas de otro; como nuestro Fiador, Cristo ofreció una satisfacción legal absoluta por nuestros pecados y nuestra liberación mediante Su pago por nuestra deuda sobre la cruz del Calvario.

[xxxvii] **Pacto eterno** – A veces en teología referido como el Pacto de Gracia, el pacto "fue hecho desde la eternidad y puesto en marcha a partir de la caída del hombre, para traer salvación del pecado y de su culpabilidad. Generalmente está subdividido… en el *pacto de la redención*, hecho entre el Padre y el Hijo [en donde el Hijo acordó redimir a los elegidos hijos de Dios], y el *pacto de gracia*, hecho entre Dios y sus elegidos [en donde Dios acordó darle a sus elegidos corazones nuevos con los cuales puedan creer]" – *Diccionario de Términos Teológicos*, Alan Cairns; 112.

[xxxviii] LBLA

[xxxix] LBLA

[xl] KJV – De la RVR 60, se traduce: "Y *nos* atestigua [no "atestiguó"] lo mismo el Espíritu Santo."

[xli] Esta aclaración de la palabra "pacto" del griego la realiza dado que los

pasajes citados de Corintios en la KJV en vez de traducir pacto traducen "testamento," a lo que el autor demuestra que no hay variación en el significado, el cual es "pacto." Pero en la RVR 60 todos los pasajes lo traducen de igual modo: "pacto."

xlii Carentes.

xliii Se agradece la colaboración de GabrielSkywalker (nombre de usuario) en la traducción de este párrafo. Canal de YouTube (link): https://www.youtube.com/channel/UChx7f1c6GgzLbYf52RI_sUQ

xliv LBLA - De la KJV se traduce: "pues no hay restricción para el Señor."

xlv Si se comparan y se observan los pronombres de los textos en inglés (KJV) podrá notarse aún más esta diferencia o pasaje del plural al singular de la que se habla.

xlvi Declarar en toda verdad, certificando, dando por sentado.

xlvii Ponderar - Examinar y sopesar con cuidado algún asunto, tópico.

xlviii LBLA

xlix NTV; el autor originalmente marca esta diferencia (el pasaje del plural al singular) utilizando la KJV (inglés), pero el lector hispanohablante puede apreciarla con claridad en la versión NTV, o bien teniendo en cuenta el versículo precedentes al vs.25 del Sal 69 para observar la persona del plural (ellos) en cualquier otra versión.

l Escuela Bulinger – Aquellos que sostienen la doctrina Dispensacionalista.

li Versión JBS; versión elegida por el traductor para poder adaptar con mayor fidelidad el énfasis realizado por el autor en el tiempo verbal del versículo por medio de la KJV.

lii Tiempo verbal: presente simple indicativo.

[liii]**eficazmente** - I Tesalonicenses 2:13 – KJV; "… the word of God, which *effectually* worketh also in you that believe;" "… la palabra de Dios, la cual también obra **eficazmente** en ustedes quienes han creído."

Biblioteca A. W. Pink

Volumen 1
Las Siete Palabras de Nuestro Salvador desde la Cruz

Volumen 2
Estudios Soteriológicos

Volumen 3
La Vida de Elías

Volumen 4
Estudios Escatológicos

Volumen 5
El Dispensacionalismo Refutado

Adquiéralos en su librería cristiana más cercana o a través de Editorial Doulos
en www.editorialdoulos.com

Made in United States
Orlando, FL
24 May 2023

33427496R00085